kosmos

KOSMOS
HUNDE
BIBLIOTHEK

URS OCHSENBEIN

ROTTWEILER

EXPERTENRAT
FÜR DEN
HUNDEHALTER

FRANCKH-KOSMOS

IMPRESSUM

Mit 58 Farbfotos, 19 Schwarzweißfotos und 3 Schwarzweißzeichnungen.

Farbaufnahmen vom Autor (44) sowie Juniors Bildarchiv/Spreckels (1, S. 5), Eva-Maria Krämer (2, Vorsatz und S. 100), Werner Layer (9, S. 17, 36, 93, 94, 107, 109, 112 o, 112 u, 114) und Reinhard-Tierfoto (2, S. 58, 82).

Schwarzweißfotos vom Autor (17) sowie der Kantonspolizei Graubünden (2, S. 96).

Zeichnungen von Rainer Benz (S. 65) und Eva Hohrath (S. 103). Die Zeichnung auf S. 102 (Gebäude des Rottweilers) wurde mit freundlicher Genehmigung des Allgemeinen Deutschen Rottweiler-Klubs e. V. abgedruckt.

Umschlaggestaltung von Norbert Deppe, Herrenberg-Oberjesingen, unter Verwendung von 5 Farbaufnahmen des Autors.
Layout-Entwurf: Concept GmbH, Höchberg.

Der Inhalt dieses Buches basiert auf dem Werk »Der Rottweiler« von Urs Ochsenbein, das beim Franckh-Kosmos Verlag 1989 in der 2. Auflage erschienen ist.

Der Text über das Transporttraining wurde dem Buch »Der neue Weg der Hundeausbildung« von Urs Ochsenbein entnommen, das 1994 in der 6. Auflage im Müller Rüschlikon Verlag erschienen ist.

ISBN 3-440-06584-7
Lektorat: Angela Wolf
Herstellung: Lilo Pabel
Printed in Czech Republic/Imprimé en République tchèque
Satz: Steffen Hahn GmbH, Kornwestheim
Druck und Bindung: Těšínská Tiskárna, Český Těšín

Die Deutsche Bibliothek –
CIP-Einheitsaufnahme

Ochsenbein, Urs:
Rottweiler : Expertenrat für den Hundehalter / Urs Ochsenbein.
[Farbaufnahmen vom Autor ….
Zeichn. von Rainer Benz …]. –
Stuttgart : Franckh-Kosmos, 1996
(Kosmos-Hundebibliothek)
ISBN 3-440-06584-7

INHALT

Rottweiler

Hund und Katz können durchaus Freundschaft schließen.

Rottweiler sind kräftige, robuste Hunde.

KAPITEL

1

Der Rottweiler – eine natürliche Hunderasse

Kräftig und robust, ist der Rottweiler ein markanter Hund.

Unter den vielen Hunderassen fällt der Rottweiler vor allem durch seine natürlich gebliebene Form auf. Weder überlanges Haarkleid, das die Augen verdeckt, noch extreme Faltung oder Färbung des Fells, noch ein überschwerer Schädel sind ihm eigen. Er ist kräftig und harmonisch gebaut, wirkt wuchtig und ist doch wendig. Das Verhältnis zwischen Rumpf und Kopf ist normal, die Ohren passen zu der Gesamterscheinung, ohne daß sie kupiert werden müßten. Lediglich die Rute wird verkürzt, sofern sie nicht – was eher selten ist – schon vor der Geburt als Stummelschwanz entwickelt ist. Der Rottweiler ist kein attraktiver Blender, sondern ein stattlicher, rustikal wirkender Hund.

Es ist denn auch vorwiegend die Freude an der natürlich gebliebenen Form und Art dieses Hundes, die einen Käufer veranlaßt, sich für den Rottweiler zu entscheiden. Menschen, die auffallen möchten, kaufen ihn bestimmt nicht.

Vielleicht gibt es einige wenige, die von der Kraft, Entschlossenheit und dem Draufgängertum des Rottweilers gehört haben und ihn anschaffen in der Absicht, einen um sich beißenden Verteidiger ihrer werten Person zu besitzen. Hier ist der Rottweiler in falschen Händen, er ist grundsätzlich gutartig und ausgeglichen und auch nicht ohne weiteres reizbar.

Wer ihn in sein Wunschbild vom »bösen Hund« preßt, wird freilich unter Anwendung der dazu erforderlichen Rücksichtslosigkeit ein gefährliches Tier erhalten. Aber dann handelt es sich um einen verdorbenen Rottweiler, der sich nicht mehr wohl fühlt in seiner Haut; um einen Hund, der aufgrund der schlimmen Erfahrungen mit seinem eigenen Herrn und dessen Helfershelfern unsicher geworden ist und seine ganze Kraft und Schnelligkeit zu nicht mehr kontrollierbarer Aggression einsetzt. Dasselbe geschieht ja leider immer wieder auch mit Vertretern anderer Gebrauchshunderassen.

Dabei ist das Rezept, aus einem Rottweiler einen guten und zuverlässigen Bewacher und Beschützer zu machen, höchst einfach: Man sorge dafür, daß er sich in seinem Heimbereich wohl fühlt. Das genügt. Er wird dann früher oder später von sich aus die Verantwortung für die Sicherheit von Haus und Bewohnern übernehmen, dies entspricht seinem natürlichen Schutzverhalten.

Freilich muß man seine Entwicklung abwarten können. Er gehört in dieser Beziehung zu den spätreifen Hunden und braucht seine Zeit, bis er völlig erwachsen ist. Wer ihn zu früh zu aggressivem Verhalten drängt, überfordert ihn. Im Erwachsenenalter wird ein solcher Rottweiler dann nur noch schwer zu kontrollieren sein.

Er ist eben von Natur aus ein Draufgänger, und man darf ihm diesen Wesenszug nicht noch künstlich beibringen wollen.

Für wen und wozu geeignet?

Ein umsichtig gezüchteter und als Welpe fachgerecht aufgezogener Rottweiler ist sehr anpassungsfähig. Er eignet sich zum einfachen Familienhund und Begleiter und kann dabei zusätzlich in allen Sparten des Sporthundewesens verwendet werden. Als Gebrauchshund bewährt er sich in den Bereichen der Polizei, des Militärs, des Zolls und im Rettungshundewesen. Selbst als Blindenführhund versieht er seinen Dienst zuverlässig. Bei alledem sind allerdings zwei Dinge vorauszusetzen:

Erstens ist der Rottweiler ein sensibles und aufgewecktes Tier, das verkümmert, wenn man sich zu wenig mit ihm abgibt und es beschäftigungslos sich selbst überläßt. Das gilt jedoch im Grunde für jeden Hund.

Zweitens gehört der Rottweiler in eine feste Hand, da er sich sonst aufgrund des ihm innewohnenden intensiven Temperaments und seiner Kraft verselbständigt und dabei leicht außer Kontrolle geraten kann. Eine »feste Hand« bedeutet jedoch keineswegs, daß dieser Hund grob unterzuordnen sei. Vielmehr geht es darum, ihn von Jugend auf konsequent merken zu lassen, was er tun darf und was nicht. Dazu findet sich in diesem Buch eine detaillierte Anleitung zur Selbsthilfe. Jedermann ist so in der Lage, seinen Rottweiler sinnvoll ins »Familienrudel« einzuordnen. Er wird dann ein angenehmes und nützliches Mitglied der Familie sein.

Zur Herkunft

Aus lauter Begeisterung für ihre Rasse dichten manche Rasseklubs ihren Hunden eine glorreiche Vergangenheit an, wobei Begriffe wie »Molosser« und »Kampfhund« unbedacht und unbegründet herangezogen werden. A. PIENKOSS schreibt dazu in seinem Buch über den Rottweiler: »Alle Publikationen über die genauen Ahnen des Rottweilers basieren auf Behauptungen, die durch fundierte wissenschaftliche Erkenntnisse nicht nachgewiesen werden können.« Diese Feststellung gilt für alle Rassen, soweit sie nicht erst in den vergangenen hundert Jahren kreiert worden sind. Es wurde also rund um die Herkunft der Hunderassen recht viel behauptet, aber fast nichts bewiesen. Halten wir uns also an das, was wirklich bekannt ist. Gerade unser Rottweiler hat es nicht nötig, daß wir Ahnenkult treiben. Aber da gibt es doch aus dem Jahre 1886 ein Zunftschild, worauf ein Metzger mit einem Ochsen dargestellt ist, und dieser Ochse wird von einem typischen Rottweiler kunstgerecht in die Fesseln gekniffen. Zu dieser Zeit hat es viele heute anerkannte Rassen noch gar nicht gegeben. Wir dürfen demnach mit Recht von einer »alten Rasse« sprechen.

Das Viehtreiben ist dem Rottweiler angeboren; die meisten heutigen Exemplare reagieren sofort richtig, wenn man ihnen Gelegenheit zum Treiben gibt. Es geht daraus hervor, daß der Rottweiler seit Jahrhunderten als Arbeitstier von Metzgern und Bauern gehalten worden ist, die ihn zum Fortbewegen ihrer Herden benötigt haben. Das Vieh mußte ja im Gegensatz zu heute lebend zum Verbraucher gebracht werden, und das bedeutete oft wochenlange Treibarbeit. Ohne geeignete Hunde war dies fast unmöglich.

Und es liegt auf der Hand, daß nur die besten Hunde diese Anstrengungen überstanden. Schwächere Tiere wurden von den Besitzern eliminiert. Auf diese Weise hat eine Selektion stattgefunden, deren positive Auswirkungen heute im allgemein sicheren Wesen und kräftigen Temperament ihren Ausdruck finden.

Möchten wir noch weiter zurückgehen, sind wir auf Vermutungen angewiesen. Immerhin ist mit einiger Wahrscheinlichkeit anzunehmen, daß der Rottweiler wie andere typische Treibhunde – so auch der Boxer – vom Bullenbeißer abstammt, von dem es authentische Abbildungen gibt. Dieser wiederum scheint von jenen doggenartigen Hunden herzukommen, die man zur Sauhatz und Bärenjagd verwendete, als jene Beutetiere noch nicht geschossen, sondern mit Spieß und Speer erlegt worden sind. Zu dieser Art von Jagd waren nur Hunde von ausgeprägtem Draufgängertum geeignet. Auch davon finden sich im heutigen Rottweiler noch deutliche Spuren.

Die Stadt Rottweil, die unserer Rasse den Namen gab, liegt im Schnittpunkt alter Handelsstraßen, die teilweise schon von den Römern angelegt worden sind. Über diese Straßen ist eben auch das Vieh in Herden zu oft weitab liegenden Städten getrieben worden. Es ist nur natürlich, daß sich die Berufsleute, die sich mit diesen Trecks beschäftigt haben, einen möglichst geeigneten Hund als Helfer und zu ihrem Schutz herangezüchtet haben: den Rottweiler.

KAPITEL 2

Zucht und Aufzucht des Rottweilers

Dem Welpen angeboren ist das Saugen und das sich kriechend im Kreis Bewegen, um zu der Mutter und zu den Zitzen zu gelangen.

In der freien Wildbahn findet ständig eine Auslese der besten, das heißt gesündesten und anpassungsfähigsten Tiere einer Art statt. Jede anatomische oder verhaltensmäßige Abweichung, die nicht zugleich eine Verbesserung darstellt, wird durch die Einflüsse der natürlichen Feinde und der Witterung sowie den damit verbundenen Schwankungen der klimatischen Bedingungen rigoros ausgemerzt. Das Tier, das überlebt und sich vermehren kann, gehört stets einer Auswahl der Besten an.

Wird ein Wildtier zum Haustier, ist sein Überleben eine Frage der menschlichen Fürsorge. Eine Auswahl wird nur noch im Hinblick auf die Nutzbarkeit im weitesten Sinne getroffen. Das Rind soll möglichst viel Milch und/oder Fleisch abgeben. Unsere Hunde mußten früher vorzügliche Jagdgehilfen, Viehtreiber, Wächter und Hüter sein. Nur die geeignetsten wurden zur Zucht verwendet.

Schon früh gab es jedoch eine kleine Gruppe von Hunderassen, die nicht mehr als Helfer, sondern als reine Begleiter gehalten wurden, wobei ihre hübsche oder auch groteske Erscheinung das aus menschlicher Sicht Entscheidende bei der Zuchtwahl war. Es entstanden Rassen, die ernstlich benachteiligt waren in punkto Körperbau und Gesundheit, sei es durch Übergröße oder Zwergwuchs, sei es durch abnorme Formung des Schädels, wodurch die Atemwege verengt und die Augen mangelhaft geschützt waren, sei es durch irgendwelche disharmonische Proportionen, die dem Menschen so gefielen, daß er sie herauszüchtete. In der Natur hätten diese Formen keine Chance gehabt.

Mit dem Rottweiler dürfen wir uns in dieser Beziehung glücklich schätzen. Er ist ein intakt gebliebener Hund. Seine Jahrhunderte währende Verwendung als Viehtreiber garantierte die Auswahl der robustesten und fähigsten Tiere zur Zucht. Als dann in der zweiten Hälfte des 19. Jahrhunderts infolge der verkehrstechnischen Entwicklung immer weniger Hunde für das Herdentreiben gebraucht wurden, verschwand die Rasse beinahe ganz.

Einigen wenigen Männern, die sich aus Liebhaberei des Rottweilers annahmen, ist es zu verdanken, daß es ihn heute noch gibt. Sie sorgten auch dafür, daß er so unverfälscht erhalten blieb. Das war nicht selbstverständlich. Wenn wir daran denken, was die Züchter seit dieser Zeit aus dem Bernhardiner gemacht haben, wissen wir die Vernunft der Rottweilerzüchter zu schätzen. Der Nachfrage nach übergroßen und schweren St.-Bernhards-Hunden mit möglichst kompaktem und massigem Kopf vermochten die Bernhardinerzüchter nicht zu widerstehen; die finanzielle Verlockung war zu groß. Das Produkt jener züchterischen Unvernunft haben wir heute vor uns: ein Hund, doppelt so schwer wie vor hundert Jahren, dessen Herz ständig überlastet ist, was zu Anfälligkeit und Kurzlebigkeit führt. Schade, denn seinen vorzüglichen Charakter hat sich der Bernhardiner erhalten.

Daß sich beim Rottweiler mit dem guten Temperament auch die natürliche und funktionsfähige Statur erhalten hat, dafür sei den verantwortlichen Züchtern und Zuchtwarten vergangener Jahrzehnte gedankt.

Dem modernen Züchter stellt sich somit die Aufgabe, unseren Rottweiler so zu erhalten, wie er sich bis heute herausgebildet hat. Das ist nicht so einfach, wie es klingt. Die Hundeartigen – so nennt der Zoologe die Familie der hundeartigen Raubtiere – neigen zur Mutation, das heißt, es treten immer wieder Veränderungen in ihrer Anatomie auf, die sich dann weiter vererben. Sie reichen vom Körperbau bis zur Fellstruktur. Dem muß entgegengewirkt werden.

Der einzige Weg dazu führt über eine sorgfältige Zuchtwahl, welche in der Auswahl geeigneter Elterntiere, aber auch im Ausschluß von zur Zucht ungeeigneten Tieren besteht.

Sobald die Zähnchen kommen, säugt die Hündin im Stehen.

Hier liegt die verantwortungsvolle Aufgabe des Züchters, in die er erst mit zunehmender Erfahrung hineinwächst. Ohne diese kann er nur vermuten, was bei der Elternwahl richtig sein könnte.

Aber die Realität, der Wurf, wird nur dann seiner Vermutung entsprechen, wenn er unerhörtes Glück gehabt hat. Er ist deshalb auf die Beratung durch die Zuchtkommission seines Rasseklubs angewiesen, die über Jahrzehnte hinweg die Zuchtresultate beobachtet, registriert und ausgewertet hat. Von jenen Personen, die diese Arbeit leisten, den Zuchtwarten und ihren Mitarbeitern, hängt es ab, wie intakt nach Anatomie und Wesensart sich eine Rasse hält.

Wir haben bis jetzt von alledem gesprochen, was an Denkarbeit einer Paarung vorauszugehen hat und woran der einzelne Züchter mit zunehmender Erfahrung immer mehr beteiligt ist. Ihn erwarten jedoch noch weitere Aufgaben, deren seriöse Erfüllung für den späteren Käufer außerordentlich wichtig ist. Geht es doch nun darum, aus dem Welpen ein gutartiges, in seinem Wesen sicheres (d.h. weder ängstliches noch nervöses) und anpassungsfähiges sowie gesundheitlich stabiles Jungtier heranwachsen zu lassen.

Die erste Stufe dieser Treppe eines optimalen Aufbaus besteht in der fachgerechten Pflege, Haltung und Fütterung des Muttertieres. Die zweite in der Betreuung der Hündin während der Geburt. Die dritte umfaßt die Betreuung der geworfenen Welpen bis zur Abgabe an ihre Besitzer, wobei weder zu wenig noch zu viel getan werden darf.

In den ersten drei Wochen bietet eine normal veranlagte Hündin ihren Jungen praktisch alles, dessen sie bedürfen. Man nennt diese Lebensphase die *neonatale* (nachgeburtliche) *Entwicklungsstufe*. Wärme, Körperkontakt, Nahrung und Schlaf ist alles,

Wiegen der Jungen unerläßlich. Mit der Gewichtskontrolle wird zweierlei erreicht: Einmal läßt sich daran erkennen, ob die Entwicklung eines Welpen normal verläuft oder ob sich Unregelmäßigkeiten ergeben, auf die man noch rechtzeitig reagieren kann. Zum zweiten stellt sie von Anfang an den täglichen Kontakt zum Menschen dar. Der Welpe gewöhnt sich damit an den Geruch des Menschen und die ihm zuteil werdende manuelle Behandlung. Hier wird eine erste Grundlage zur späteren vertrauten Beziehung gelegt.

Vier Wochen alter Rottweilerwelpe am Beginn seiner Prägungsphase.

was die Jungen brauchen. Sie können anfänglich weder hören noch sehen, wohl aber Wärme empfinden und riechen. So finden sie, im Kreise robbend, stets schnell die Brust der Mutter, wo sie sich beim Saugen mit den Vorderpfoten gegen die Zitzen stemmen. Zum Schlafen rotten sie sich zusammen, es kommt zum Kontaktliegen. Die Hündin sorgt nicht nur für das Trinken, sie verschlingt auch jeden Kot und leckt die Pfützchen auf. Damit die Welpen zur Entleerung angeregt werden, massiert sie jedem einzelnen den Unterleib ausdauernd mit der Zunge.

Allein läßt eine säugende Hündin ihre Jungen normalerweise nur für kurze Zeit. Sichere und gut in den Familienbereich integrierte Hündinnen haben auch nichts dagegen, wenn ihr vertraute Personen sich dem Wurf nähern und die Welpen berühren. Dies ist für das tägliche

Der Welpe

Im Alter von drei Wochen ist das Gehirn des Welpen noch nicht ausgereift, doch sind seine Seh- und Hörorgane schon funktionsfähig. Mit unerhörter Intensität nehmen die Tiere nun alle Erscheinungen wahr, die auf sie einwirken. Während der vierten Lebenswoche sollte man den Welpen Gelegenheit geben, sich an die auf sie einstürzenden Umwelterscheinungen zu gewöhnen. Das heißt, man sollte sie möglichst in Ruhe lassen und keine tiefgreifenden Veränderungen des Umfeldes vornehmen. Auch sollte das Muttertier nicht allzulange vom Wurf entfernt bleiben.

Man wird jetzt beobachten, wie schnell die Welpen an Beweglichkeit gewinnen. Das Robben wird abgelöst von einer zwar noch nicht völlig koordinierten, aber doch schon wirkungsvolleren Fortbewegungsweise. Und das Interesse an allem, was die Umwelt bietet, nimmt rasch zu. Mit der fünften Lebenswoche beginnt der Welpe, auf Reize von außen vermehrt aktiv zu reagieren. Was ihm vor Augen kommt, dem wendet er sich zu. In gleicher Weise versucht er, sich bei Geräuschen irgendwelcher Art der Tonquelle zu nähern.

Das Gehirn des Welpen ist so weit entwickelt, daß er befähigt ist zu lernen. Ja, er scheint nun ein starkes Bedürfnis zu haben, Dinge zu untersuchen und Erfahrungen zu sammeln. Diese erhöhte Lernbereitschaft dauert etwa bis zur zwölften Lebenswoche, wo sie dann, bedeutend weniger ausgeprägt, weiter besteht.

Es geht nun darum, daß der Mensch für den Welpen in Erscheinung tritt, und zwar in möglichst vielfältiger Weise. Erwachsene beiden Geschlechts, Jugendliche und Kinder sollten mit ihm in Kontakt treten, mit ihm spielen und reden, ihn tragen. Auch sollte der Welpe jetzt jenen Geräuschen und optischen Erscheinungen ausgesetzt werden, die ihn an seinem späteren Wohnplatz erwarten. Was er nämlich in dieser Lebensphase nicht erlebt, daran wird er sich später nur schwer gewöhnen.

Ein Beispiel dafür ist die Stubenreinheit, die mit jenen Welpen nur mühsam und in wochen-, wenn nicht monatelanger geduldiger Gewöhnungsarbeit zu erreichen ist, denen im Zwinger ausschließlich ein einförmiger glatter Boden zur Verfügung stand. Am schlimmsten steht es in dieser Beziehung mit Welpen, die in einer Großzucht aufwuchsen, wo pflegeleichte Kunststoffbuchten den einzigen Aufenthaltsort für die Hündin und ihren Wurf bildeten.

Dagegen ist mit Welpen, die in einem Zwinger mit verschiedenen Bodenstrukturen wie Holz, Sand, Kies, Erde und Wiese heranwuchsen, die Stubenreinheit in wenigen Tagen herzustellen. Wie man dabei vorgeht, wird später noch genauer beschrieben.

Es ist demnach wichtig, den Welpen von der fünften Lebenswoche an bis zur Übergabe an den Besitzer für den Aufenthalt an seinem künftigen Platz vorzubereiten. Das ist jetzt leicht möglich und von nachhaltiger Wirksamkeit, weil der Welpe eben besonders aufnahmebereit und lernfähig ist. Diese Zeit kommt einer Prägungsphase gleich, die nicht wiederholbar oder nachholbar ist. Anders ausgedrückt: Wenn in diesen ersten Lebenswochen zu wenig Erfahrungen gemacht werden können, verläßt der Welpe den Zwinger bildlich gesprochen wie ein unterbelichteter Film das Labor. Auch mit den besten Kniffen kann er danach nicht mehr optimal nachbelichtet werden.

Damit soll nicht gesagt sein, der Welpe müsse ständig beschäftigt und mit Umwelterscheinungen konfrontiert werden. Es genügt, wenn ab und zu das eine oder andere von jenen Dingen dem Welpen geboten wird, die am Ort der Aufzucht nicht ohnehin vorhanden sind. Wächst der Welpe in einer Liebhaberzucht auf, wo Kinder und die verschiedensten Leute sich für ihn interessieren, wo er auch ins Haus genommen wird und sich technischen Hilfsmitteln vom Staubsauger bis zum Auto hin und wieder gegenübersieht, dann dürfen wir zufrieden sein.

In einem abgelegenen Zwinger jedoch, wo eine idyllische Ruhe herrscht und ein Züchterpaar sich allein der Jungen annimmt, kann ein Welpe nicht so heranreifen, daß er später ein städtisches Umfeld ohne Angstzustände zu ertragen vermag. Er wird dann beispielsweise gegenüber Kindern stets unsicher bleiben, was sehr gefährlich werden kann.

Daß nun diese Dinge gerade für unseren Rottweiler von Bedeutung sind, der zum kraftstrotzenden Tier heranwächst, leuchtet ein. Ebenso dürfte klar sein, daß das Fehlen von Kontakt zu den verschiedensten Menschen in der beschriebenen Zeitspanne einen Hund ergibt, der sich später im Umgang mit Personen sehr schwertut. Nur der Hund, der sich als Welpe spielerisch an den Menschen zu gewöhnen vermochte, wird künftig gut ansprechbar bleiben und sich ohne Mühe in den Familienbereich eingliedern lassen. Er wird zudem als Sport- oder Gebrauchshund jene unerläßliche Eigenschaft erkennen lassen, die wir Arbeitsfreude nennen.

Sozialisierung und Rangordnungskämpfe

Im Alter von sieben Wochen ist das Hirn des Welpen voll entwickelt. Und jetzt beginnt sich die schon vorher zu beobachtende Auseinandersetzung der Welpen untereinander stärker abzuzeichnen. Die Sozialisierungsphase geht über in die Rangordnungsphase. Wir können das an den intensiver geführten Zweikämpfen unter den Tieren sowie an höchster Erregung und deutlich aggressivem Verhalten erkennen. Es geht dabei oft hart und so laut zu, daß man meint, die kleinen Kerle möchten sich umbringen.

Wer nun daraus ableitet, daß sich in dieser Phase echte Raufer heranbilden, muß sich belehren lassen: Gerade durch dieses kämpferische Konfrontiertsein mit den Geschwisterwelpen erlangen die Tiere jene Sicherheit, die es ihnen später erlaubt, Angreifer zwar geschickt, aber ohne Nervosität und angstbedingtes Beißen abzuwehren.

Hunde, denen diese Erfahrungen im Welpenalter vorenthalten wurden, bleiben stets unsicher bei Begegnungen mit Artgenossen zumindest des gleichen Geschlechts, und sie neigen, je nach ihrer angeborenen Wesensart, mehr oder weniger zum allzu schnellen und allzu unkontrollierten Zubeißen. Es kann sogar dazu führen, daß der Fang wie bei einem Krampf zugepreßt wird und sich nur unter Gewaltanwendung öffnen läßt. Wiederum sollten wir an unseren Rottweiler denken, der zwar grundsätzlich gutartiger Natur ist, der aber sehr kräftig zuzupacken weiß, wird er einmal herausgefordert. Wurde ihm das Erlebnis der Rangordnungsphase genommen, wird er leicht vom Packen zum Beißen übergehen.

Freilich hat schon eine voll ausgelebte Sozialisierungsphase vor dem Erreichen der achten Lebenswoche eine günstige Wirkung, so daß die nötige Zurückhaltung in Kampfsituationen erwartet werden darf. Es ist somit durchaus in Ordnung, wenn man die Welpen mit acht Wochen übernimmt. Dies ist vor allem dann zu empfehlen, wenn der Zwinger nicht genügend Anregungen zu vermitteln scheint. Nur sollte man dann darauf achten, daß der junge Hund auch zu Hause möglichst viele Kontakte zu anderen Hunden erfährt, was ja auf Spaziergängen meist gut möglich ist.

Wird er dagegen aus Unkenntnis und Angst vom Besitzer von anderen Hunden ferngehalten, so ist mit einem im Erwachsenenalter auftre-

Spielfreude zeichnet den gesunden Rottweiler aus.

tenden Fehlverhalten gegenüber Artgenossen, verbunden mit entsprechenden Unannehmlichkeiten, zu rechnen.

Ein günstiger Zeitpunkt zur Übergabe ist die zehnte Lebenswoche. Nur dort, wo den Welpen vom Züchter weiterhin ein anregendes Umfeld geboten wird, sollte man länger mit der Übernahme warten. Mehr als sechzehn Wochen verstreichen zu lassen birgt das Risiko der Herabsetzung der Wesenssicherheit in sich. Beim Rottweiler sollte man dieses Risiko nicht eingehen.

Wohlgemerkt: Wir sprechen hier von der Anschaffung eines Junghundes von acht bis sechzehn Wochen. Bei der Übernahme eines älteren Rottweilers gelten andere Überlegungen, von denen noch zu sprechen sein wird.

KAPITEL 3
Wie und wo kaufe ich den Rottweiler?

Zur Abwechslung werden die Welpen hier im Freien gefüttert.

Sprechen wir zunächst darüber, wie man den Rottweiler als Welpen kauft. Dazu hat uns das vorausgegangene Kapitel »Zucht und Aufzucht des Rottweilers« bereits die grundlegenden Informationen geliefert. Es geht nun darum, einen Züchter zu finden, dem wir unser Vertrauen schenken möchten.

Doch zuvor sollten wir uns noch einige Fragen stellen. Dies ganz besonders dann, wenn wir uns zum ersten Mal einen Hund anschaffen. Aber auch dann, wenn wir schon Hunde gehalten haben, schadet es nicht, sich erneut zu überlegen, ob man wirklich in der Lage ist, weiterhin einen Hund – in unserem Falle einen großen und lebhaften Rottweiler – zu erwerben und ihn zu betreuen.

Mit einem Hund übernimmt man auch die Verantwortung für seine Betreuung und Erziehung. Er ist ja ein lebendiges Wesen und kein Spielzeug, das man nach Gebrauch in die Ecke stellen kann. Er ist immer da und fordert von uns, daß wir uns regelmäßig und ausgiebig mit ihm beschäftigen.

Überlegungen vor dem Kauf

Der Junghund verspürt mehrmals täglich ein ihn drängendes Bedürfnis nach Zuwendung, nach Spiel und Kontakt. Weisen wir ihn ständig ab, wird er sich selbst Beschäftigung suchen. Dabei beginnt er das zu bearbeiten, was sich ihm anbietet. Teppiche und Möbel sind sowenig sicher vor ihm wie Papierkörbe und Vorhänge. Was sich jetzt als schwer wieder abzugewöhnende Untugend in ihm festsetzt, haben wir durch unsere mangelnde Bereitschaft, sich ihm zuzuwenden, selbst verschuldet.

Später, wenn der Hund älter geworden ist, läßt sich sein Zuwendungsbedürfnis in geregelte Bahnen lenken und in den Tagesablauf der Familie einplanen. Doch beim Junghund bis zu etwa zwölf Monaten funktioniert dies noch nicht. Immerhin haben wir auch jetzt schon beim Welpen »Ruhepausen« von ein bis zwei Stunden, wo er sich von dem eben Erlebten erholt. In jenen viertel oder halben Stunden, da er nach uns verlangt, bietet sich uns die beste Gelegenheit, mit ihm spielerisch zu lernen und dabei ein sehr tiefes und erfreuliches Verhältnis zu ihm aufzubauen.

Es wäre also schade, wenn wir auf unseren jungen Rottweiler nicht eingehen wollten oder könnten, wenn er dies von uns verlangt. Freilich läßt sich der Hund auch in einen Zwinger sperren, wo er keinen Schaden anrichten kann und man ihn mit einigem hingeworfenem Spielzeug zur Selbstbedienung sich selbst überläßt. Dabei fehlt aber genau das, was unser Hund am nötigsten hat: der menschliche Kontakt.

Jedermann muß nun eben selbst entscheiden, ob und wieweit er auf das heranwachsende Tier einzugehen gedenkt. Das kostet zwar Zeit, macht aber auch Spaß und dient der Integration des Hundes in den Familienbereich. Außerdem ergibt sich daraus auf ganz natürliche Weise eine Grunderziehung, die später bedeutend mehr Zeitaufwand kosten würde. Darauf werden wir noch im Detail und mit konkreten Vorschlägen zu sprechen kommen.

Temperamentvolle Hunde – und dazu gehört in der Regel auch der Rottweiler – nehmen uns am Anfang mehr in Anspruch als eher ruhige Tiere. Darauf sollte man bei der Auswahl des Welpen achten. Auch dies wird noch näher beschrieben werden.

Nach alledem dürfte uns klar sein, daß wir von einem Junghund mehrmals am Tage einige Zeit in Anspruch genommen werden. Hinzu kommt, daß wir täglich etwa eineinhalb Stunden für zweimaliges Spazierengehen einplanen sollten. Dies, wenn möglich, in einem Gelände, wo es zu Begegnungen mit anderen Hunden kommt.

Sind wir bereit und in der Lage, diesen Zeitaufwand für den Hund einzusetzen, ist eine der wichtigsten Voraussetzungen für eine artgerechte Hundehaltung gegeben. Schließlich ist der Hund, auch der Rottweiler, ein Tier mit großem Bewegungsbedürfnis.

Aber es stellen sich noch weitere Fragen, die zu beantworten sind, bevor wir den Hund anschaffen:

1. Ist im Mietvertrag für unsere Wohnung die Haltung eines Hundes vorgesehen? Immer wieder müssen Hunde wegen fehlender Erlaubnis des Hauseigentümers weggegeben werden.
2. Leidet auch nur ein Mitglied unserer Familie an einer Hundehaar-Allergie? Dies würde die Haltung eines Hundes ausschließen.
3. Gibt es in der Nähe der Wohnung eine Örtlichkeit, wo sich der Hund problemlos versäubern kann? Ohne einen solchen Platz zur Verrichtung der kleineren und größeren Geschäfte ergeben sich in Bälde ernsthafte Schwierigkeiten.
4. Ist man bereit, die nicht unerheblichen Kosten zu tragen, welche die Haltung eines Hundes mit sich bringt?
5. Kann der Hund in den Ferien mitgenommen werden, oder gibt es einen Platz, wo wir ihn bedenkenlos in Pension geben können? Denken wir dabei an ein Tierheim oder eine Tierpension, müßten wir früh genug einen Platz reservieren, da diese Heime in der Ferienzeit überfüllt sind.
6. Sind jene Personen, die sich mit der Sauberhaltung der Wohnung befassen, einverstanden, obwohl der Hund je nach Jahreszeit mehr oder weniger Schmutz hereinbringt sowie Haare läßt und damit Mehrarbeit verursacht?
7. Ist man sich bewußt, daß man bei einigen Verwandten und Bekannten nicht mehr ein gern gesehener Gast ist, sobald man mit einem Hund erscheint?

Vor allem der Kostenpunkt wird oft außer acht gelassen. Man denkt zwar an den Anschaffungspreis, nicht aber an die Fütterungs- und Pflegekosten, wobei auch der Tierarzt nicht vergessen werden darf. Diese jährlichen Kosten übersteigen meistens den Kaufpreis erheblich. Mit DM/sFr 2000,– pro Jahr sollte man bei einem Hund von der Größe eines Rottweilers rechnen, will man keine Überraschungen erleben. Allein der Tierarzt kostet bei Erkrankung oder Unfall nicht selten so viel. Denken Sie auch an die Haftpflichtversicherung.

Wie die Erfahrung zeigt, schrekken die eben empfohlenen Überlegungen kaum jemanden vom Kauf eines Hundes ab. Dennoch ist es wichtig, sich die angeführten Fragen zu stellen. So ist man sich von Anfang an seiner Verantwortung bewußt.

Es ist sehr hart, einen Hund, den man liebgewonnen hat, wieder hergeben zu müssen, aus welchem Grund auch immer. Es kann eine Folge unüberlegter Anschaffung sein oder aber auch die traurige Konsequenz mangelnder Kenntnisse: Trotz echtem Bemühen wird man mit dem Hund nicht fertig. Gerade beim fast durchweg wesenssicheren Rottweiler kommt dies zuweilen vor. Es sind dann ausgerechnet die guten Eigenschaften, die zum Debakel führen, und der Leidtragende ist dann am Ende immer der Hund.

Die Wahl des Züchters

Wie sehr das Umfeld des Zwingers sich auf den Welpen und auf die Entwicklung seines Wesens fördernd oder hemmend auswirkt, haben wir auf den vorherigen Seiten schon erfahren. Es ist demnach entscheidend für das Verhalten eines Hundes im Erwachsenenalter, unter welchen Bedingungen, in welchem Milieu sozusagen, er als Welpe heranwuchs.

Um dies zu erfahren, gibt es ein ganz einfaches Mittel: Man besucht den Zwinger einige Male, wenn die Welpen vier bis zehn Wochen alt sind. Noch besser, man besucht zwei oder drei verschiedene Zuchtstätten. Die Mühe lohnt sich, denn wir lernen dabei mehr, als wir je einem Buch entnehmen könnten. Wir sehen Unterschiede, spüren auch, welcher Züchter uns sympathisch ist in bezug auf seine Art, Hunde aufzuziehen.

Die Adressen der Züchter erhalten wir beim zuständigen Rasseklub (Adressen im Anhang). Dort wird uns auch angegeben, wo es zur Zeit Welpen gibt und in welchem Alter sie sich befinden.

Ein Züchter, der seiner Sache sicher ist, wird uns stets gern empfangen, auch wenn wir uns ausdrücklich zu einer unverbindlichen Besichtigung des Wurfes anmelden. Er schätzt nämlich die Belebung der Zuchtstätte durch Besucher, weil er weiß, daß dies seinen Welpen förderlich ist.

Natürlich wird ein guter Züchter auch auf Ordnung und Sauberkeit im Zwinger achten. Zwinger und Gehege sollten so gestaltet sein, daß die Welpen genügend anregende Objekte vorfinden, um sich damit zu beschäftigen. Das können ein Ball, Tuchfetzen, Holz- oder Metallgegenstände sein. Nur sollten sich die Welpen daran nicht verletzen können. Auch ein alter aufgespannter Sonnenschirm, den die Welpen etappenweise zerreißen und demontieren dürfen, kann ein anregendes Spielzeug darstellen. Das gleiche gilt für eine alte Holztreppe, wo die Welpen irgendwann die Stufen zu erklimmen suchen.

Das Wichtigste aber ist die unterschiedliche Bodenstruktur, die den Welpen zur Verfügung stehen sollte. Wie sehr davon das rasche Erreichen der Stubenreinheit später abhängt, wurde bereits erwähnt. So wird in einem für die Welpen förderlichen Zwinger kaum je peinliche Ordnung herrschen können, er wird vielmehr den Eindruck eines kreativen Durcheinanders erwecken.

Befindet sich ein Zwinger in idyllischer Abgelegenheit und Ruhe, tun wir gut daran, uns zu erkundigen, ob der Züchter den Welpen genügend künstliche Belebung des Umfeldes bietet und sie möglichst auch schon an das Autofahren gewöhnt.

Vorsicht ist auch am Platze, wenn wir auf einen Zwinger treffen, in dem zwar alles äußerst hygienisch eingerichtet ist, wir aber den Eindruck gewinnen, daß diese Einrichtungen im Grunde nur dazu dienen, dem Züchter möglichst viel Arbeit mit den Welpen zu ersparen. Hier sollten wir von einem Kauf absehen. Selbst der begabteste Welpe vermag sich hier nicht so zu entwickeln, daß er für die Haltung beim Besitzer wirklich vorbereitet ist.

Man sollte übrigens wissen, daß sich dies nicht unbedingt schon zu Anfang nach der Übernahme erkennen läßt; dies wird vielmehr erst dann deutlich, wenn der Junghund seine Reifezeit hinter sich hat, also im Alter von neun bis zwölf Monaten. Plötzlich kann dann Scheuheit gegenüber Menschen und Ängstlichkeit im Verkehrslärm auftreten.

Wo wir eine uns günstig erscheinende Situation für die Aufzucht vorfinden, sollten wir das Gespräch mit dem Züchter suchen. Er kann uns über die Elterntiere und über das Verhalten der einzelnen Welpen Auskunft geben. Seine Angaben sind viel wichtiger als das, was im Stammbaum steht. Dort stoßen wir auf Champions in Schönheit und Abrichtung unter den Vorfahren, aber dies hat wenig Bedeutung für den Welpen, den wir uns kaufen möchten. Denn auch die besten Elterntiere bringen nur selten Schönheitssieger hervor, und nur solche Hunde erreichen Arbeitstitel, mit denen auch intensiv und fachgerecht gearbeitet worden ist.

Das ganze schöne Papier bringt uns nur in einem wichtigen Punkt Gewißheit, nämlich daß es sich um eine vom Rasseklub kontrollierte Zuchtstätte handelt. Im übrigen gibt es immer wieder gefälschte oder völlig bedeutungslose Abstammungsurkunden. Man achte deshalb darauf, daß die uns vorgelegte Ahnentafel von einem der Fédération Cynologique Internationale (FCI) angeschlossenen Verein ausgegeben wurde.

Ist uns der erwählte Züchter sympathisch, weil er uns offen Auskunft gibt und sich über unser eingehendes Interesse freut, dann sind wir am richtigen Ort. Wir dürfen dann auch damit rechnen, daß uns dieser Züchter später beratend zur Seite stehen wird, sollten sich Probleme ergeben. Das ist zum Beispiel dann der Fall, wenn sich krankhafte Veränderungen zeigen, die im Welpenalter nicht zu erkennen waren. Leider kann dieser Fall niemals ganz ausgeschlossen werden. In diesem Sinne bleibt jeder Hundekauf immer auch Glücksache.

Die Auswahl des Welpen

Haben wir uns einmal für den Züchter entschieden, bleibt uns noch die Wahl des Welpen. Und gerade hierbei kann uns ein guter Züchter der beste Berater sein. Er beobachtet den Wurf täglich und nimmt das unterschiedliche Verhalten der heranwachsenden Tiere wahr.

Natürlich werden auch wir bei unseren Besuchen genau hinschauen, was die Welpen tun, und wir werden Unterschiede feststellen. Die einen sind aktiver als die andern; die einen scheinen schon jetzt gegenüber ihren Geschwistern zu dominieren, die andern weniger. Aber was wir bei unseren Besuchen zu erkennen vermeinen, kann täuschen. Liegt da zum Beispiel ein Welpe einmal dauernd abseits, ohne viel Antrieb zu zeigen, könnte es sich dennoch um ein sonst aktives Tier handeln, das lediglich zur Zeit unserer Beobachtung eine kleine Blähung hat oder sonstwie unpäßlich ist.

Teilen wir nun unsere Beobachtung dem Züchter mit, wird sich herausstellen, ob er allgemein dieselbe Feststellung vom Verhalten des Welpen gemacht hat oder nicht. So kann uns das Gespräch mit dem Züchter vor Fehlentscheiden bewahren.

Was sind nun aber die Kriterien, die wir für unsere Wahl in Anwendung bringen wollen? Sicher wird uns ein aufgewecktes und aktives Tier, das offensichtlich soziales Verhalten gegenüber den Geschwistern zeigt, sympathisch sein. Bei den einzelnen Welpen des Wurfes gibt es nun aber Intensitätsunterschiede, auch unter-

Körperkontakte zu Personen in frühester Jugend sind wichtig für das spätere Zusammenleben und -wirken mit dem Menschen.

schiedliche Grade des Dominierens.

Möchten wir in unserem Rottweiler einen Familienhund haben, ihn aber nicht weiter ausbilden, so sollten wir nicht den aktivsten und dominierendsten der Welpen auswählen. Dies wäre eher der Hund für den Sport- oder den Diensthundeführer. Gerade beim Rottweiler wird uns auch ein im Welpenalter auffallend ruhiges Tier alles bringen, was wir uns von einem Familienhund wünschen können.

Man sieht, daß man die Wahl im Hinblick auf den Verwendungszweck treffen sollte, und der gute Züchter wird uns auch dabei dank seiner Erfahrung ausgezeichnet beraten.

Welpen sind hingegen dann generell nicht zu empfehlen, wenn sie sich stets abseits vom Wurf halten und bei jeder Näherung ängstlich ausweichen und wenig Kontakt suchen, oder wenn sie deutlich nervös wirken.

Nun kommt es aber immer wieder vor, daß sich der Käufer beim ersten Besuch ganz spontan für einen bestimmten Welpen entscheidet, der sich ihm zufällig als erster nähert oder ihm sonstwie besonders auffällt, sei es durch einen flehentlichen Blick aus dunklen Augen, sei es durch eine aparte Zeichnung des Fells, sei es durch irgendein ihn ansprechendes Verhalten. Bevor man hier den Entschluß zur Anschaffung faßt, sollte man zumindest den Züchter zu Rate ziehen. Aber oft ist es dann gar nicht mehr möglich, den Käufer von seiner Wahl abzubringen. Es muß dennoch später nicht unbedingt schiefgehen. Selbst wenn keine gute Prognose gestellt werden kann, sind auf diese Weise schon glückliche Anschaffungen gemacht worden.

Die oben angestellten Erwägungen haben nur dann Geltung, wenn überhaupt noch eine Auswahl gegeben ist. Ist nur noch ein Welpe aus dem ganzen Wurf erhältlich, werden wir besonders genau untersuchen, ob der herzige kleine Kerl nicht schon jetzt sichtbare Mängel aufweist, besonders scheu, kontaktarm oder nervös ist.

Wie aus alledem hervorgeht, ist es von Vorteil, wenn wir den aufwachsenden Wurf mehrmals besuchen und beobachten, solange noch die Möglichkeit der Auswahl besteht. Schon in der dritten Lebenswoche lassen sich unterschiedlich aktive Welpen feststellen.

Von der sechsten Lebenswoche an

sollten wir den einen oder anderen Welpen, der für uns in Frage zu kommen scheint, auch einmal aus dem Wurf nehmen und etwa auf einer Wiese mit uns in Berührung bringen und mit ihm spielen, ohne ihn freilich zu überfordern. Ein interessierter Züchter wird uns dabei gern begleiten. Außerhalb ihrer gewohnten Umgebung verhalten sich die Tiere immer ein wenig anders. Sie sind in der Regel weniger sicher als inmitten der Geschwisterschar im angestammten Zwinger. Zwei so nacheinander herausgenommene Welpen lassen sich dann in ihrem Verhalten besser vergleichen.

Rüde oder Hündin?

Wer darüber keine bestimmte Vorstellung hat, wird sich etwa folgendes überlegen müssen: Die Hündin wird zweimal im Jahr läufig und zuweilen auch über mehrere Wochen scheinträchtig. Das bringt für den Besitzer gewisse Unannehmlichkeiten mit sich. Der Tierarzt und der Züchter sind am besten in der Lage, uns darüber kompetent Auskunft zu geben; diese besonders in bezug auf die Möglichkeiten, die Läufigkeit zu verhindern.

Hier sei nur erwähnt, daß wir mit einer läufigen Hündin nicht die gewohnten Spazierwege benützen können, ohne den Ärger aller Rüdenbesitzer heraufzubeschwören, welche hier zu spazieren pflegen.

Es besteht auch die Möglichkeit, die Hündin zu kastrieren, was – im Gegensatz zum Rüden – zu keiner Veränderung ihres Wesens führt und mit Arbeitshündinnen von jeher gemacht wird.

Außerhalb der Läufigkeit ist die Hündin im Vergleich zum Rüden übrigens genauso leistungsfähig. Es wird auch behauptet, sie sei anhänglicher als der Rüde, was aber doch eher eine Frage der individuellen Veranlagung als des Geschlechts sein dürfte.

Beim Rüden kann vor allem sein ausgeprägter Hang zum Beschnüffeln und Markieren (Beinheben) aller optisch und geruchlich auffallenden Stellen stören, doch ist dies bei richtiger Erziehung in Grenzen zu halten. Sicher neigt er auch eher als die Hündin zum Streunen, besonders wenn läufige Weibchen in der Nähe wohnen oder herumstreichen. Wer aber seinem Hund Gelegenheit zum Streunen gibt, verstößt ohnehin gegen eine Grundregel der Hundehaltung.

Manche Besitzer haben Angst vor der Rauflust ihres Hundes und zittern vor jeder Begegnung mit gleichgeschlechtlichen Artgenossen. Aber auch das ist mehr Erziehungsfrage als Veranlagung. Im übrigen ist es schlimmer, wenn eine Hündin zu raufen beginnt, da sie diese Zweikämpfe ernsthafter führt als der Rüde.

Ganz allgemein läßt sich aber sagen, daß eigentlich noch kein Hundebesitzer, der von der Haltung von Rüden zur Haltung von Hündinnen oder umgekehrt übergegangen ist, sich ernstlich zu beklagen hatte. Meistens werden dann mehr die Vorteile als die Nachteile hervorgehoben, welche der Wechsel einbrachte, aber im Grunde gleichen sich diese aus.

Wie alt?

Normalerweise übernimmt man den Welpen im Alter von acht, zehn oder zwölf Wochen vom Züchter (vgl. S. 18). Dazu gibt es einiges zu sagen. Mit acht Wochen haben beim Welpen ohnehin das Selbständigwerden und die Abwendung von der Mutter ihren Anfang genommen. Der Zeitpunkt der Übernahme ist somit recht günstig, doch steht dem entgegen, daß sich der Welpe noch wenig in der Sozialisierung mit seinen Geschwistern hat üben können. Er ist somit noch nicht so sicher in der Auseinandersetzung mit Artgenossen, wie dies für spätere Begegnungen wichtig wäre.

Übernehmen wir ihn trotzdem mit acht Wochen, sollten wir ihn fortlaufend mit anderen Hunden in Berührung bringen und nicht vor lauter Angst von ihnen fernhalten. Ein Rottweilerwelpe ist äußerst robust und verträgt einiges. Er sollte möglichst viele Begegnungen erfahren und mit anderen jungen Hunden herumtollen dürfen. Vielleicht kann man sich dazu mit dem Käufer eines Geschwisterwelpen treffen. Sollten wir jedoch unseren Rottweiler dort kaufen, wo der Zwinger wenig Abwechslung für die Welpen bietet, dann kann, wie gesagt, die Übernahme mit acht Wochen nur günstig sein, weil er jetzt noch Erfahrungen gut aufnehmen und verarbeiten kann.

Mit zehn Wochen kann ein Welpe aus einem gut geführten Zwinger bedenkenlos übernommen werden, mit zwölf Wochen ebenfalls. Das bringt den Vorteil, daß die ersten Impfungen noch beim Züchter vorgenommen werden können. Zudem erleben die Welpen so einen guten Teil der Sozialisierungsphase noch im Rudel, was in jeder Beziehung für ihre Entwicklung förderlich ist.

Bleibt ein Tier jedoch sechzehn Wochen und länger im Zwinger, besteht die Gefahr einer Wesenseinbuße. Diese kann durch mangelnde Kontaktmöglichkeiten zu Menschen ebenso erfolgen wie durch das Bedrängtwerden durch ältere, noch im Zwinger verbliebene Tiere. Bei Welpen, die länger im Zwinger verbleiben, ist damit zu rechnen, daß ihre Anpassung am neuen Platz mit erheblich mehr Mühe verbunden und auch nie mehr so optimal sein wird, wie sie zuvor hätte sein können. Es sei denn, der Züchter hätte in dieser Zeit den jungen Hund wie sein eigenes Tier ins Haus genommen und behandelt.

Die Übergabe

Für den seriösen Züchter ist es selbstverständlich, daß er den Käufer auf schon erkennbare Mängel aufmerksam macht. So zum Beispiel, wenn ein Rüde nur einen oder keinen Hoden aufweist, was ihn später von der Zucht ausschließen würde. Er wird zudem Auskunft über den gesundheitlichen und wesensmäßigen Zustand der Elterntiere geben. Dort, wo die Elterntiere bezüglich Hüftgelenksdysplasie, einer erblichen Deformation des Hüftgelenks, geröntgt worden sind, wird er uns den Befund vorlegen.

Meistens liegt bei der Übergabe

Nun ist die Stunde gekommen, da wir den Welpen sozusagen unter den Arm nehmen, um ihn freudig nach Hause zu bringen …

die Ahnentafel noch nicht vor, aber anhand der vorhandenen Unterlagen ist ersichtlich, ob es sich bei unserem Welpen wirklich um ein Rassetier im Sinne der Zuchtbestimmungen handelt, mit dem wir später auch Ausstellungen besuchen und uns hundesportlich betätigen können.

Normalerweise übergibt uns der Züchter mit dem Hund auch dessen Internationalen Impfpaß, in dem die erste Impfung gegen Staupe, ansteckende Leberentzündung, Leptospirose, Parvovirose und oft zusätzlich gegen Zwinger-Virus-Husten eingetragen ist. Diese ersten Impfungen ergeben eine Grundimmunisierung, müssen aber in einigen Wochen wiederholt werden. Das sollten wir auf keinen Fall vergessen.

Es ist gut zu wissen, was, wie oft und wieviel der Welpe in der letzten Woche zu fressen bekam und welche Art der Fütterung der Züchter weiterhin empfiehlt. Am besten übernehmen wir vorerst das von ihm gegebene Futter nach Qualität und Quantität. Ein Nahrungswechsel zum Zeitpunkt der Übernahme, wo der Hund psychisch ohnehin stärker belastet ist, sollte vermieden werden. Manche Züchter geben uns aus diesem Grunde etwas Futter mit und dazu einen kleinen Fütterungsplan.

Bevor wir nun unseren Welpen nach Hause nehmen, werden wir ihn nochmals genau ansehen. Er sollte so munter wie üblich sein, ein glänzendes Fell ohne jede Wundstellen, die ekzemartig sein könnten, aufweisen, saubere Ohrmuscheln und klare Augen ohne Ausfluß sowie eine normale hellrote Färbung der Schleimhäute haben. Gebiß und Mundhöhle dürfen keine entzündeten Stellen erkennen lassen. Der Stuhlgang muß normal sein, und die Aftergegend darf keine Spuren von Durchfall zeigen. Beim Rüden sollten beide Hoden deutlich spürbar hervortreten.

All das wird uns, wie schon öfters erwähnt, der gute Züchter selbst erklären und zeigen. Aber es kann auch einmal etwas vergessen werden. Auch Züchter sind nur Menschen.

Heute ist es meist üblich, daß ein Kaufvertrag unterzeichnet wird, worin der Züchter erklärt, daß ihm keine offensichtlichen oder verborgenen Mängel oder Krankheiten des betreffenden Tieres bekannt sind. Der Käufer dagegen bestätigt, den

Hund besichtigt zu haben. Auch ist er damit einverstanden, später zutage tretende erworbene oder erblich bedingte Mängel nicht geltend zu machen, die sich auf den Körperbau oder das Wesen des Hundes oder auf seinen Gesundheitszustand beziehen und die bei der Übergabe nach menschlichem Ermessen nicht zu erkennen oder vorauszusehen waren.

Ist nun die Stunde gekommen, wo wir den Welpen sozusagen unter den Arm nehmen, um ihn freudig nach Hause zu bringen, dann gilt es, nochmals zu überlegen, wie es nun in jeder Einzelheit weitergehen soll. Das ist nur möglich, wenn wir schon Tage zuvor im Familienkreis besprochen haben, wie wir vorgehen wollen, wenn unser kleiner Rottweiler in unserem Heim als ein neues vierbeiniges Familienmitglied einzieht. Im nächsten Kapitel wird davon die Rede sein. Doch zuvor noch einige Hinweise für den Fall, daß man ein älteres Tier zu übernehmen gedenkt.

Einen erwachsenen Rottweiler kaufen

Kauft man einen Welpen bei einem verantwortungsbewußten Züchter, der um eine fördernde Aufzucht besorgt ist, haben wir eine gute Chance, einen Rottweiler zu erwerben, der später angenehm zu halten sein wird. Freilich müssen wir nach der Übernahme den Hund entsprechend betreuen und erziehen, und dazu benötigen wir besonders in den ersten Monaten recht viel Zeit. Aber dieser Aufwand bringt auch viel Freude mit sich.

Da Hunde bis ins hohe Alter anpassungsfähig bleiben können, ist es durchaus möglich, auch mit dem Erwerb eines erwachsenen Tieres einen guten Kauf zu tun. Ebensogut können wir dadurch jedoch in Schwierigkeiten geraten, wenn wir nicht im voraus einiges abklären.

Erstens sollten wir in Erfahrung bringen, warum der Hund überhaupt weggegeben wird. Dies ist nicht immer einfach. In einem Tierheim wird man uns vielleicht das melden, was vom früheren Besitzer angegeben wurde. Daß dessen Angaben oft nicht mit der Realität übereinstimmen, liegt auf der Hand, denn niemand gibt gern zu, daß er einen Mißerfolg in Sachen Hundehaltung erlitten hat. So wird uns auch der Besitzer selbst nur ausweichend orientieren.

Wo man also keine glaubwürdige Auskunft erhält, ist Vorsicht geboten. Dies um so mehr, als sich der Hund anfangs in seiner Umgebung in der Regel manierlich benimmt, bis er sich mit zunehmender Gewöhnung sicherer fühlt. Jetzt erst treten jene Untugenden auf, die unter Umständen zu seiner Weggabe geführt hatten. Und das kann stufenweise so weitergehen, bis wir nach etwas sechs Monaten endlich wissen, was wir wirklich für einen Hund angeschafft haben. Natürlich können wir bei jedem plötzlich zutage tretenden Fehlverhalten erzieherisch einwirken. Doch verursacht eine derartige Nacherziehung leicht mehr Mühe, als es das Heranbilden eines Welpen zu einem erzogenen Junghund getan hätte. Zudem ist der Erfolg nur dann zu erwarten, wenn wir genügend Kenntnisse besitzen, um sehr klar und konsequent vorgehen zu können.

Zweitens sollten wir, wenn irgend möglich, herausbekommen, wo und unter welchen Umständen der betreffende Hund seine Welpenzeit verbracht hat. Bringen wir in Erfahrung, daß er seine ersten zehn bis zwölf Lebenswochen in einem günstigen Umfeld erlebt hat, dürfen wir damit rechnen, daß er sich bei uns zunehmend gut einleben und benehmen wird. Auch Ängstlichkeit kann dann noch abgebaut werden. Das allerbeste wäre also, wir könnten mit dem ehemaligen Züchter des Hundes in Kontakt kommen und ihn besuchen und befragen. Mag sein, daß dann alle Bedenken fallengelassen werden können.

Eine günstige Voraussetzung für die Übernahme eines älteren Hundes ist immer dann gegeben, wenn wir die Verhältnisse an seinem bisherigen Platz aus eigener Anschauung kennen. Dann sind uns ja die Besitzer nicht unbekannt, und es läßt sich ein offenes Gespräch führen über den Grund der Abgabe.

Kann der erste Besitzer dies alles glaubwürdig erklären und berichtet er auch über das bisherige Verhalten des Hundes offen, dann können wir beruhigt sein und freudig dem betroffenen Hund ein neues Heim bieten, ohne größere Risiken einzugehen.

In jedem Falle jedoch sollten wir den zu übernehmenden Hund zuerst einmal aus seinem ihm gewohnten Lebensbereich für einige Stunden oder gar Tage herausnehmen und mit ihm spazierengehen und ihn nach Hause mitnehmen. Dabei zeigt es sich, ob der Hund eine normale Kontaktfreude uns gegenüber erkennen läßt oder ob er mit zunehmender Entfernung vom gewohnten Bezirk unruhiger, ängstlicher und kontaktärmer erscheint. Diese Probe aufs Exempel sollte man niemals unterlassen.

Erziehung eines schon erwachsenen Hundes

Die hier für die Erziehung des Welpen und des Junghundes empfohlenen Vorgänge können auch für jeden schon erwachsenen Hund angewandt werden. Natürlich muß mit etwas mehr Arbeitsaufwand gerechnet werden. Aber die gezielte, überlegte und ruhige Art des Vorgehens bringt auch hier früher oder später den Erfolg. In der Versuchsgruppe des Schweizerischen Vereins für Katastrophenhunde wurden mehrfach ältere Hunde ausgebildet, um die Lernfähigkeit dieser Tiere zu beweisen. Momentan ist ein achtjähriger Boxer im Training, der sich zuerst völlig unzugänglich zeigte, nach wenigen Übungen jedoch immer arbeitsfreudiger und damit auch lernfähiger wurde. Er steht nun nach einem Jahr vor der Schutzhundeprüfung der ersten Stufe.

KAPITEL 4

Das Einfügen des Junghundes ins »Familienrudel«

Richtig geborgen fühlt sich der Rottweiler als Rudeltier vor allem in der Familie.

- Wo soll unser Hund schlafen, wo essen?
- Welche Räume soll er von Anfang an nicht betreten?
- Wo kann er in Wohnungsnähe seine Notdurft verrichten?
- Wer bereitet ihm das Futter zu, und wer gibt es ihm?
- Wo soll der Hund die erste Nacht verbringen?
- Was tun wir von Beginn an, um seine Stubenreinheit zu fördern, und wer ist dafür verantwortlich?

Alle diese Fragen sollten wir uns im Familienrat gestellt und beantwortet haben, bevor wir losfahren, um den Welpen nach Hause zu holen. Tun wir dies nicht, wird zuviel auf einmal auf uns zukommen, wenn der Kleine zu Hause ist und überall herumschnüffelt. Schon wird er ein erstes Bächlein auf den besten Teppich des Hauses laufen lassen, und die Folge davon sind dann aufgeregte Gespräche und Meinungsverschiedenheiten im Familienkreis.

Dem können wir vorbeugen, indem wir die eingangs aufgezählten

Probleme absprechen, bevor wir voller Erwartungen beim Züchter vorfahren, wo jener kleine Rottweiler auf uns wartet, der hoffentlich die nächsten zehn Jahre und mehr in unserer Familie zubringen wird.

Die Heimfahrt

Unser Welpe steht jetzt an der Schwelle des Junghundealters, und da ist er noch überaus aufnahmebereit und anpassungsfähig, aber auch entsprechend sensibel. Und heute mehr noch als später prägen sich ihm alle jene Vorgänge sofort tief ein, die er zum ersten Mal erlebt. Das gebietet uns, umsichtig zu handeln. Zur Verdeutlichung dieses Grundsatzes sei das folgende krasse, aber leider oft vorkommende Beispiel angeführt.

Man bringt beim Abholen den Welpen auf dem Rücksitz (oder womöglich auf dem Beifahrersitz!) unter und fährt munter los. Irgendwann beginnt der Kleine sich zu übergeben, aber das hat man ohnehin erwartet und mit einer Plastikunterlage vorgesorgt. Also möglichst schnell weiterfahren, zu Hause wird sich dann der Welpe schnell erholt haben. Dem ist tatsächlich so, nach einigen Minuten, da er wieder festen Boden unter den Füßen hat, fängt der Kleine an, sich wieder ganz normal zu benehmen.

Doch leider hat sich die rigorose Prozedur bei ihm tief eingeprägt. Heben wir ihn das nächste Mal in den Wagen, wird ihm schon schlecht, bevor wir anfahren, das Erbrechen erfolgt wenig später. Und das wird nun bei diesem Hund über Monate, vielleicht gar über Jahre so bleiben. Er ist durch unsere Gedankenlosigkeit zu einem notorischen Autokranken geworden. Jetzt ist guter Rat teuer. Es wäre besser gewesen, wir hätten bei der Heimfahrt die folgenden Regeln beachtet:

1. Eine Person betreut den Welpen während der Fahrt, hält ihn fest, lenkt ihn ab, spielt mit ihm (am besten mit einem Gegenstand, der nach dem Zwinger riecht, einem Tuchfetzen etwa).
2. Nach wenigen Minuten Fahrt wird an geeigneter Stelle angehalten, und der Welpe wird an der Leine oder frei einige Zeit bewegt. Man setzt ihm zudem etwas Wasser vor (Schüssel mitnehmen).
3. Bei der Weiterfahrt ist der Welpe ständig zu beobachten, und beim geringsten Anzeichen von Übelkeit (starker Speichelfluß, überstarkes Hecheln, Unruhe) wird erneut angehalten und wie oben verfahren.
4. Bleibt der Welpe bei der Weiterfahrt ruhig, beginnt er gar zu dösen, dann kann die Reise ohne weitere Unterbrechungen zu Ende geführt werden, wobei man guttut, kurvenreiche Strecken nicht allzu schnell zu fahren.

Es ist übrigens erstaunlich, wie gut Welpen und auch erwachsene Hunde in der Regel Transporte in der Bahn oder auch Flugreisen überstehen. Die dabei verwendeten Transportboxen befinden sich dabei lange Zeit in recht ruhiger Lage, und so gewöhnen sich offenbar die Tiere an dieses Umfeld.

Oft sind die Tiere kurz nach dem Verlassen der Box schon hellwach und fidel.

Gezielte Beschäftigung und Zuwendung geben dem heranwachsenden Welpen das Gefühl von Vertrauen und Geborgenheit.

Die Ankunft zu Hause

Bevor wir den Welpen in die Wohnung nehmen, tragen wir ihn vom Wagen direkt an jenen Ort im Garten oder in der Nähe des Hauses, den wir zu seiner primären Lösungsstelle bestimmt haben. Dort lassen wir ihn sich frei oder an der Leine so lange bewegen – dies ohne jedes Einwirken auf ihn –, bis er von sich aus sein Wasser läßt. Und genausolang, wie das Wasser rinnt, sprechen wir wiederholt einschmeichelnd und lobend das erste Hörzeichen aus, das er kennenlernen soll: »Brav Pipi machen!« o. ä. Damit verknüpft sich im Hund das angenehme Gefühl der Entleerung mit unserem sanft gesprochenen Hörzeichen.

Bald werden wir so in der Lage sein, durch das bestimmte Hörzeichen (das nie als Befehl drängend, sondern stets geduldig-einschmeichelnd ertönt) den Hund zum Wasserlassen und später auch zum Kotabsetzen veranlassen zu können. Und damit haben wir mit wenig Aufwand schon sehr viel erreicht, auch für uns selbst, weil wir an diesem Beispiel das Entstehen einer Verknüpfung beim Hund erkennen konnten.

Was immer wir auch von diesem wichtigen Augenblick an vom Hund an Verhaltensweisen verlangen werden, es wird ihm am schnellsten, sichersten und nachhaltigsten durch das Herstellen einer solchen Verknüpfung beigebracht.

Erst nach diesem ersten Akt der Entleerung in heimatlichen Gefilden bringen wir den Hund ins Haus und in die Wohnung.

Verhalten in der Wohnung

Nicht alle Züchter sorgen dafür, daß der Welpe sich während der Aufzucht an verschiedenartige Innenräume gewöhnen kann. So kann es geschehen, daß auch unser Rottweiler etwas Zeit braucht, um sich schließlich in der Wohnung zurechtzufinden und wohl zu fühlen.

Am besten tragen wir ihn gleich hinein, damit er nicht durch einen dunklen Eingang mit glattem Boden sowie Treppenstufen verunsichert wird. Wer freilich den Hund überhaupt nicht im Haus halten will, kann ihn in den Zwinger bringen, ein Umfeld, das ihm vermutlich bekannt vorkommen und ihn weniger beunruhigen wird. Warum sich jedoch der Rottweiler gundsätzlich nicht zur ausschließlichen Zwingerhaltung eignet, werde ich später noch darlegen. Will man einen guten Kontakt zu ihm aufbauen, gehört der Rottweiler zumindest in der ersten Zeit ins Haus.

Wir sollten nun darauf achten, daß unser Welpe sich in dem Zimmer, wohin wir ihn gebracht haben, umsehen kann. Es sollte sich nicht gleich eine Kinderschar auf ihn stürzen, um ihn wie ein Spielzeugtier zu liebkosen. Man sollte abwarten, bis der Welpe von sich aus Kontakt und Zuwendung sucht. Er hat nämlich im Moment unerhört viel zu tun, muß er doch eine ganze Menge ihm bisher unbekannter Gerüche und noch nie erlebter optischer Eindrücke verarbeiten. Er wird deshalb schwer beschäftigt sein und alles abschnüffeln.

Ihn dabei zu beobachten ist so interessant, daß wir leicht die Zeit vergessen. Daher stellen wir den Küchenwecker auf dreißig Minuten und tragen den Hund erneut hinaus zu seinem Löseplatz. Es ist unser Vorteil, wenn wir dies regelmäßig jede halbe Stunde tun, bis wir – an diesem Tag möglichst spät – ins Bett gehen. Natürlich haben wir in der Zwischenzeit einiges unternommen mit dem Kleinen, mit ihm gespielt und ihn gefüttert. So wird er recht müde sein.

Das erste in der Frühe: Wir tragen ihn wieder hinaus.

Bei diesem Vorgehen lernen wir das Verhalten des Welpen in punkto Versäuberung beobachten. So werden wir bald mit einiger Sicherheit erkennen, wann es jeweils soweit ist. Gleichzeitig merkt auch der Hund, daß wir sein Entleeren ernst nehmen und ihn dafür draußen an ein und derselben Stelle zu loben pflegen. Bald können wir nun die Wartezeit verlängern, aber kurz vor und nach jeder Mahlzeit ist der Welpe auf jeden Fall hinauszubringen.

Die allererste Mahlzeit setzt man dem Welpen vor, wenn er sich in der Wohnung etwas beruhigt hat. Natürlich geschieht auch dies an einer zuvor bestimmten Stelle.

Die erste Nacht

Weniger konsequent sollten wir in der ersten Zeit mit dem Schlafplatz sein. Wir haben ihn zwar richtigerweise im Zentrum der Wohnung, meistens im Flur, vorbereitet in Form einer flachen Kiste oder eines Korbes mit weicher Einlage. Wir haben den Welpen auch schon tagsüber dort hineingesetzt, ihm ein Spielzeug dazu gelegt und jenen Tuchfetzen, der so schön nach dem Zwinger riecht. Aber dann, wenn sich alles zu Bett begibt, den Welpen allein im Flur zu lassen und die Türen zu schließen, stellt ganz einfach eine Überforderung dar. Er hat bisher immer die Wärme der Geschwister verspürt, ist nie sich selbst überlassen gewesen beim Ruhen. Hinzu kommt nun der fremde Raum mit ungewohnten Gerüchen und Geräuschen. So befindet sich das kleine Lebewesen, das wir oft, ohne viel zu denken, den besten Freund des Menschen nennen, hilflos allein.

Wer meint, er müsse sich hier von Anfang an durchsetzen ohne jede Zimperlichkeit, hat vom inneren Wesen einer Hundepersönlichkeit noch gar nichts begriffen. Wie dilettantisch er vorgeht, wird ihm wahrscheinlich auch dann nicht bewußt, wenn ihn schließlich das permanente Heulkonzert des Welpen zu einem anderen Verhalten zwingt. Jetzt aber hat sich der Welpe durchgesetzt, und das registriert er auch.

Wie die Erfahrung zeigt, wird der heranwachsende Hund früher oder später von selbst das ihm zugedachte Lager benützen, auch wenn wir ihm gestatten, die ersten Nächte bei offener Tür zum Flur zuzubringen. Er legt sich dann meist neben unser Bett, und wir können ihm zur Beruhigung unsere Hand hinunterreichen. Nicht selten erleben wir dann, daß der Kleine in der Morgenfrühe zu winseln beginnt, weil er hinaus muß und hinaus will. Unverzüglich in die Pantoffeln schlüpfen, ihn aufheben und hinaustragen ist dann ein Vorgang, der zum ersten Versäuberungserfolg führen kann.

Sicherlich ist dann noch nicht die volle Stubenreinheit erreicht, es wird – besonders wenn wir zu wenig aufmerksam sind – zu Rückfällen kommen. Aber der Weg ist geebnet, und der Erfolg wird nicht ausbleiben. Bei der Aufzucht gut vorbereitete und zu Hause vernünftig behandelte Tiere sind in wenigen Tagen stubenrein.

Passiert jedoch ein kleines oder großes Ungeschick in der Wohnung, dann gilt es, völlig gelassen zu bleiben, den Hund sogleich an den Versäuberungsplatz zu tragen, auch wenn der Akt an sich schon erledigt ist. Schimpfen wir den jungen Hund aus, bedrohen oder schlagen wir ihn gar, dann verunsichern wir ihn dermaßen, daß sich das Fehlverhalten festsetzt. Es hat dann nichts mit Trotz zu tun, wenn er sich fast ausschließlich in der Wohnung zu entleeren beginnt. Es ist dies vielmehr die Folge davon, daß wir den Kleinen völlig verängstigt und durcheinandergebracht haben.

Es werden übrigens immer noch Hundebücher angeboten, wo das Eindrücken der Schnauze in die an falscher Stelle abgesetzten Kothäufchen als wirksames Erziehungsmittel empfohlen wird. Dummheit kennt eben keine Grenzen. Grundsätzlich ist es immer falsch, einen Hund zu etwas zwingen zu wollen, bevor man sicher ist, daß er überhaupt die Chance hat zu merken, was wir eigentlich von ihm wollen.

Was wir hier über unser Verhalten gegenüber dem bei uns zu Hause eingetroffenen Welpen gesagt haben, gilt für die ersten zwei bis drei Tage am neuen Ort.

Die ersten vierzehn Tage

In dieser Phase ist es wichtig für unseren Rottweiler, daß wir ihm genügend Zeit, aber auch Anregung bieten, damit er sich bei uns einleben kann. Jede Überforderung ist zu vermeiden, wir sollten ihm viele Freiheiten gewähren. Das heißt jedoch nicht, daß wir ihn nicht schon ein wenig einordnen und zudem an Halsband und Leine gewöhnen können, soweit dies nicht schon beim Züchter geschehen ist.

Was er auf keinen Fall tun darf, das kann man ihn schon merken lassen, indem man Tabus setzt. So ist er beispielsweise mit einem kräftigen Schubs von der Schwelle zu jenen Räumlichkeiten zurückzubefördern, die er nicht zu betreten hat, wie etwa die Küche und das Badezimmer. Er wird normalerweise bald auf derartige Korrekturen reagieren, indem er die gesetzten Grenzen respektiert. Fällt ihm dies jedoch schwer, dürfen wir uns darüber freuen, da es eine gewisse Intensität und Beharrlichkeit verrät, die uns und dem Hund später zustatten kommt. Dennoch werden wir konsequent und geduldig unsere Einwirkungen wiederholen, bis der Erfolg eintritt.

Auf oder bei seinem Lager deponieren wir einige geeignete Spielzeuge, so etwa einen Hartgummiball (nicht unter vier Zentimeter Durchmesser), einen alten Schuh, einen ebensolchen Gürtel und was uns sonst noch zur Verfügung steht. Ab und zu legen wir ein ihm noch unbekanntes Objekt dazu. Und in jenen Viertelstunden, da der Kleine unseren Kontakt aufgeregt sucht und unsere Hände, Arme und Füße mit seinen spitzen Milchzähnen faßt, wenden wir uns ihm spielend zu, holen sein Spielzeug herbei und beschäftigen ihn damit.

Den jungen Hund in diesem Zustand innerer Erregtheit und Kontaktlust abzuweisen, nur weil man am Fernseher sitzt, ist geradezu unkultiviert und zudem schädlich. Machen wir seine Spiele nicht mit, wird er sich selber beschäftigen und dabei mit großer Wahrscheinlichkeit Schaden anrichten. Ist dies einmal geschehen, hat Strafe gar keinen Sinn, weil der Hund diese nicht mit dem Vorgang in Verbindung zu bringen weiß, der schon vorüber ist.

Aber wir werden ihn beobachten und dann eingreifen, wenn er sich wieder daran macht, den Teppich oder ein Stuhlbein zu benagen. Am besten werfen wir etwas Handliches, das ihn nicht verletzen kann, in die Nähe, wo er eben den Impuls zu dem unerwünschten Tun erkennen läßt. Gleichzeitig können wir zusätzlich ganz ruhig »Nein« sagen, und bald werden wir ihn mit diesem »Nein« überall dort bremsen und abhalten, wo er im Begriff ist, etwas Unzulässiges zu unternehmen.

Kontakt zu Artgenossen

Gerade in der ersten Zeit sollten wir unseren Rottweiler möglichst oft unter andere Hunde bringen. Er ist außerordentlich robust, und es schadet ihm keineswegs, wenn er im Spiel

Das Spiel mit Artgenossen jeder Form fördert die Selbständigkeit und Sicherheit des Junghundes.

Ist der Rottweiler erwachsen, darf man bei Begegnungen mit kleineren Hunden keine Angst zeigen, das verunsichert ihn und stimmt ihn aggressiv.

einmal unter ein älteres Tier gerät. Schaden erfolgt jedoch dann, wenn wir ihn ständig mit aufgeregten Worten und Leinenzerren vom freien Spiel oder gar von jeglicher Kontaktaufnahme mit anderen Hunden fernhalten.

Dadurch, daß wir ihm keine Gelegenheit geben, sich selbst mit seinen Artgenossen auseinanderzusetzen, machen wir ihn unsicher. Er braucht diese Erfahrungen mit anderen Hunden, um selbständig und sicher zu werden.

Ist unser Rottweiler einmal erwachsen, wird es dann auch nicht zu Schwierigkeiten mit anderen Hunden kommen. Selbst wenn er später ein gleichgeschlechtliches Tier zu dominieren versucht, das heißt anrempelt und unter sich zu bringen trachtet, wird sich seine Aggression in Grenzen halten. Er wird zwar zupacken, aber den anderen Hund nicht beißend verletzen.

Daß dies gerade für unseren kräftigen und temperamentvollen Rottweiler wichtig ist, liegt auf der Hand. Auf diese Dinge sollte eben schon beim Junghund unbedingt geachtet werden.

Greifen und Festhalten mit dem Fang

Da das Milchgebiß spitz und scharf ist, kann es schon einige Kratzer setzen, wenn unser Hund uns mit dem Fang anfaßt. Seine Beißhemmung ist eben auf die Felldicke seiner Geschwister abgestimmt, und wir haben erheblich dünnere Haut. Den Hund aber deswegen ständig grob abzuweisen, wenn er ohne böse Absicht einmal nach uns faßt, würde ihn frustrieren.

Man muß sich vorstellen, daß der Hund ja alles mit der Schnauze betastet und untersucht. Ihm stehen keine Hände zur Verfügung zum Tasten, Liebkosen, Zugreifen und Tragen. Seine ganze Freundlichkeit und Zuneigung drückt er uns gegenüber mit dem Fang aus.

Es wäre hart für ihn, wenn er bei seiner Annäherung stets mehr oder weniger heftig abgewiesen würde, nur weil wir aus Unkenntnis heraus meinen, dies sei der Anfang einer späteren Beißlust.

Hingegen können wir ihn durch einen lauten Wehlaut von allzu starkem Anfassen abbringen, wie dies seine Geschwister im Wurf ja auch getan haben. Das kann er »verstehen«, das heißt, er wird zunehmend sanfter fassen. Gerade dieser Vorgang ist ein Akt früher Verständigung zwischen dem Besitzer und seinem Vierbeiner.

Spazieren und Leinenführigkeit

Stemmt sich der kleine Rottweiler anfangs dagegen, an der Leine mitgeführt zu werden, nützt unser Zusprechen oder Schimpfen gar nichts, solange die Leine straff gespannt ist. Wir ziehen den Hund am besten mit etwas Schwung heran und lassen die Leine gleich wieder locker. Jetzt können wir den Hund mit Worten, vielleicht auch mit einem Leckerbissen zum Weitergehen ermuntern. Wiederholt man diesen Vorgang einige Male, wird sich der Hund aus seiner Verkrampfung lösen und immer besser mitzugehen beginnen.

Bald wird er auch vorausdrängen, besonders wenn man sich auf einem ihm bereits bekannten Wegstück befindet, wo er dank seines bestens funktionierenden Gedächtnisses das eine oder andere verlockende Ziel anstrebt. Dieses an gespannter Leine Nach-vorn-Drängen sollte man ihm nicht schon jetzt abgewöhnen. Er ist ja noch so leicht, daß man ihn trotzdem unter Kontrolle zu halten vermag. Hingegen ist zu empfehlen, kein zu dünnes Halsband oder Kettenband zu verwenden. Ein breit aufliegendes Lederband eignet sich am besten. Es schont den Kehlbereich des Hundes.

Kettenbänder sind zwar später praktisch, aber wenn Hunde untereinander spielen, sollten sie stets entfernt werden. Es besteht nämlich die Gefahr, daß sich die Hunde im spielerischen Zupacken daran die Eckzähne ausbeißen. Man achte deshalb auch darauf, daß die Spielpartner unseres Rottweilers kein Kettenhalsband tragen.

Natürlich unternehmen wir vorerst mit unserem Rottweiler keine ausgedehnten Wanderungen, dafür aber regelmäßige Spaziergänge. Für sein späteres Abrufverhalten ist es nun wichtig, daß wir beim Spazieren stets in Bewegung bleiben, ohne den Hund ständig zu rufen. Durch das fortschreitende Sichentfernen seiner »Meute« gewöhnt sich der junge Hund schon jetzt daran, darauf zu achten, wo sie sich befindet. Er folgt so aus eigenem Antrieb, und er kann dann gerufen werden, wenn er ohnehin schon herbeikommt. So erfaßt er bald den Sinn unseres Hörzeichens.

Wird der Hund so abgelenkt, daß er nicht mehr folgt, wäre es grundfalsch, ihn nun mit wiederholten Rufen herbeizubefehlen. Richtig ist, daß wir auch hierbei den Hund nicht überfordern und ihn einfach herbeiholen. Das gilt auch, wenn wir hier und dort stehenbleiben, um dem Hund Gelegenheit zum Spiel mit seinen Artgenossen zu geben.

Wie wichtig der Kontakt mit anderen Hunden für unseren jungen Rottweiler ist, dürfte mittlerweile klar sein. Ebenso wichtig ist aber auch der Kontakt zu möglichst vielen und verschiedenartigen menschlichen Wesen, auch zu Kindern. Wir müssen nicht befürchten, unser Rottweiler entwickle sich dadurch zum Allerweltshund. Seinem ausgeprägten Gefühl für Zugehörigkeit können wir absolutes Vertrauen schenken, vorausgesetzt natürlich, daß wir unserem Hund auch das bieten, was ihm Sicherheit, Beschäftigung und Wohlbefinden verschafft.

Leider gibt es viele Hundebesitzer, die ihren Hund ausführen, ohne ihm ihre Gedanken und ihre Aufmerksamkeit zu schenken. Sie ziehen es vor, den eigenen Gedanken nachzuhängen oder mit anderen spazierenden Hundebesitzern endlose Gespräche zu führen. Die Folge: Der Hund erlebt die Dinge nicht mehr mit dem Besitzer gemeinsam. Es bildet sich kein vertieftes Verhältnis zwischen Halter und Hund. Dabei bietet sich bei jedem Spaziergang mit dem jungen Hund die allerbeste Gelegenheit zum Aufbau von gegenseitigem Verständnis und Vertrauen. Auf die »Technik des Spazierens mit dem Hund« werden wir deshalb noch zu sprechen kommen.

KAPITEL 5

Die Grunderziehung des Rottweilers

Das Gehen an der Leine gehört zum Hundesport wie zur Praxis der Hundehaltung.

Nicht umsonst wurde hier so eingehend über die Aufzucht des Rottweilers und die Vorgänge beim Kauf sowie über die allererste Zeit beim Besitzer gesprochen. Denn in den ersten drei bis vier Monaten nach der Geburt entscheidet sich grundsätzlich, was für einen Hund wir am Ende haben werden. Selbstverständlich spielt auch die naturgegebene Wesensart des Hundes eine wichtige Rolle, doch können wir diese nicht ändern.

Was wir – und vor uns der Züchter – tun können, ist eine gezielte Förderung der Anlagen des Hundes, damit er anpassungsfähig und sicher wird. Hat man sich ernsthaft darum bemüht, in diesem Sinne auf ihn einzuwirken, ist unser Rottweiler, der nun mit etwa vier Monaten zum Junghund geworden ist, optimal für seine spätere Aufgabe vorbereitet, sei dies als Familienhund und Begleiter, sei es als Sport-, Dienst- oder Rettungshund. Ohne eine solche fachgerechte Vorbildung des Welpen würden wir später in jeder Beziehung mit Schwierigkeiten zu rechnen haben.

Ein wesentlicher Punkt der genannten Vorbereitungszeit ist die Vertrautheit mit dem menschlichen Partner, die hier systematisch aufgebaut wurde. Das ermöglicht es uns in Zukunft, uns mit dem Hund zu verständigen. Bei diesem Verständigungsvorgang werden uns immer wieder Fehler unterlaufen, meistens deshalb, weil wir sein Auffassungsvermögen falsch einschätzen. Das bringt jedoch einen gut vorbereiteten Hund nicht aus dem Konzept. Sein grundlegendes Vertrauen zu uns befähigt ihn, entstandene Unsicherheiten und Mißverständnisse zu verkraften und für Korrekturen ansprechbar zu bleiben.

Es wäre nun schade, wenn wir uns nicht weiterhin mit dem Hund erziehend und ausbildend beschäftigen würden. Es ist nicht etwa so, daß wir nun warten können, bis er später sozusagen »zur Schule« geht. Im Gegenteil, was wir jetzt erzieherisch mit ihm erreichen, macht den späteren Besuch eines sogenannten Erziehungskurses überflüssig. In einem solchen Kurs werden auf dem Übungsplatz Dinge geübt, die ein vernünftig erzogener Hund schon längst gelernt hat und – was das Entscheidende ist – auch in der Alltagspraxis der Hundehaltung anzuwenden gewohnt ist.

Was ich nun hier empfehle, kostet uns sehr wenig Zeit, erfordert jedoch etwas Selbstdisziplin und Konzentration. Aber es lohnt sich in hohem Maße. Wir bauen die Übungen also dort ein, wo wir sie auch später brauchen, nämlich bei den üblichen alltäglichen Vorgängen wie die Wohnung verlassen, das Gartentor passieren, die Straße überqueren, das Auto besteigen und es wieder verlassen. Dann weiter das Freilaufenlassen beim Spazierengehen und das Abrufen zum Anleinen.

Aufbruch zum Spaziergang

Am besten verwenden wir eine Lederleine mit zwei Karabinerhaken, wovon einer zum Verkürzen der Leine auf die Hälfte ihrer Länge dient, der andere zum Einklinken im Ring des Lederhalsbandes. Ist unser Hund ein »Leinenkiller«, können wir eine leichte Kette verwenden, doch niemals sollten wir den Hund an einer solchen Kette führen. Damit gefährden wir unsere Hände, nicht selten werden Sehnen angeschnitten oder abgetrennt, wenn sich ein Hund mit Wucht in die Kette stemmt und sich deren Glieder um einen Finger wickeln.

Ein einfaches, nicht zu schmales Lederband mit festem Ring eignet sich vorzüglich als Halsband. Ein Kettenhalsband ist an sich praktisch, doch könnten sich – wie schon erwähnt wurde – andere Hunde beim Spiel mit unserem Hund daran einen Eckzahn ausbeißen.

Bei jedem Weggang mit dem Hund zeigen wir ihm zunächst das Halsband und legen es ihm dann mit ermunternden Worten um, oder wir lassen ihn hineinschlüpfen, was er bald gerne tun wird, da es ja nun hinausgeht. Wohnen wir ohne Vorgarten, werden wir ihn schon vor der Wohnungstüre, spätestens aber vor der Haustüre an die Leine nehmen. Das Ritual des Anleinens geht wie folgt vor sich:

1. Bestimmt, aber doch sanft, ziehen wir den Hund an unsere linke Seite, heben ihn mit der rechten Hand am Halsband etwas an und helfen ihm – mit den Fingerspitzen der linken Hand auf seine Kruppe tippend –, in Sitzstellung zu gehen.
2. Erst wenn er das getan hat und richtig sitzt, senken wir das leicht angehobene Halsband sachte, indem wir gleichzeitig freundlich »Sitz!« sagen.
3. Jetzt richten wir uns auf und warten zwei Sekunden. Steht der Hund wieder auf, sagen wir freundlich und ruhig (kein Befehlston!) »Nein!« zu ihm und bringen ihn wortlos erneut in Sitzstellung, wie unter Punkt 1 und 2 beschrieben.
4. Nun nehmen wir den Hund an die Leine, die wir bis jetzt um die Schulter gehängt oder in der Tasche getragen haben, damit sie uns nicht stört.

Vorläufig korrigieren wir den jungen Hund noch nicht, wenn er beim Anleinen wieder aufsteht und hinausdrängen will. Aber im Laufe einiger Wochen werden wir auch hierbei das Verweilen in Sitzstellung von ihm verlangen, bis wir ihn mit dem Hörzeichen »Komm!« mit uns gehen heißen.

Bis dahin wird jedoch unser Hund schon fast von selbst vor Tür und Tor in Sitzstellung gehen.

Genauso gehen wir vor, wenn wir den Randstein vor dem Überqueren einer Straße erreicht haben: Erst setzen, dann kurz loben und nach einer kleinen Pause zum Mitgehen auffordern. Auch hier verlangen wir mit der Zeit, daß der Hund sicher sitzenbleibt, bis wir ihm das Hörzeichen zum Weitergehen geben.

Bei jeder Straßenüberquerung empfiehlt es sich, den Hund auf dem gegenüberliegenden Gehsteig nochmals sitzen zu lassen, dies ohne die Richtung zu ändern, also mit dem Rücken gegen die Straße. Dadurch merkt der Hund bald, daß wir beim Überqueren stets einen Zielpunkt ansteuern, wo er nochmals zu sitzen hat.

Er rennt dann später, wenn wir die Straße mit ihm unangeleint überqueren, nicht gleich los, sondern bleibt bis zum anderen Trottoir unter unserer Kontrolle.

Vor dem Besteigen des Wagens gehen wir genauso vor, und dasselbe tun wir auch vor der ersten Stufe einer Treppe, die wir hinauf- oder hinuntergehen möchten. Vergessen wir nicht, daß unser Rottweiler nicht nur kräftig und temperamentvoll ist, sondern auch an Gewicht zunimmt. Wir müssen ihn jetzt daran gewöhnen, sich unter Kontrolle halten zu lassen, solange wir selbst noch stark genug sind, um auf unseren Rottweiler einzuwirken.

Einen erwachsenen Rottweiler an ein so angenehmes Verhalten zu gewöhnen, könnte zur Schwerarbeit werden, die dann womöglich nur noch ein Spezialist auszuführen in der Lage wäre.

Mit dem hier beschriebenen Vorgang des Sich-Setzens erreichen wir überall dort seine Aufmerksamkeit und die entsprechende Grundstimmung, wo es gilt, ihn merken zu lassen, daß er sich an unserer Seite zu halten und unsere Hörzeichen zu befolgen hat.

Bei konsequenter Ausführung unsererseits geht dies dem jungen Hund gleichsam in Fleisch und Blut über. Und all das spielt sich ruhig ab, wir werden nicht wie jene Dilettanten in Hundehaltung Befehle brüllen müssen, die der Hund ohnehin nicht verstehen kann.

Spazieren mit dem Junghund

Natürlich werden wir auf unseren Spaziergängen unseren Rottweiler zuweilen sich selbst überlassen. Dies vor allem dann, wenn er mit anderen Hunden in Kontakt kommt oder spielt. Dabei soll er seine Erfahrungen ohne Beeinflussung seitens des Besitzers machen; wir halten uns also zurück.

Zuweilen werden wir aber den Hund auch gezielt beschäftigen. Das bedeutet, daß wir uns auf ihn konzentrieren und mit ihm etwas unternehmen. Jedes Gelände bietet uns hierzu Gelegenheit. Da steht beispielsweise am Weg ein Baumstumpf, nicht hoch und für den Hund ohne weiteres zu besteigen.

Zu Anfang nehmen wir das Folgende mit dem angeleinten Hund vor, wobei aber die Leine nie gezupft oder angespannt wird. Sie dient nur dazu, den Hund notfalls am Ausweichen zu hindern. Gerade dieses Nichtbenützen der Leine und nur mit Worten auf den Hund einzuwirken ist für uns eine gute Übung, mit ihm auch außerhalb des gezielten Gehorsams in Kontakt zu gelangen und ihn zu beeinflussen.

Wir ermuntern ihn nun, auf den Strunk zu klettern, stellen uns vielleicht anfangs selbst hinauf, nehmen den Hund an unsere Seite, bringen ihn zum Sitzen, loben ihn sehr. Schon nach einigen Tagen wird der Hund selbst diesen Strunk ansteuern und bald auch spontan hinaufgehen. Ist er im Begriff, das zu tun, sagen wir freundlich »Geh rauf!«; dieses Hörzeichen wird der Hund sehr schnell mit der »Aktion Baumstrunk« verknüpfen.

Etwas schwieriger wird es sein, den Hund daran zu gewöhnen, auf dem Baumstumpf zu verharren, bis wir ihn wieder zum Herabkommen ermuntern. Dazu müssen wir den Hund beruhigen und auf dem Strunk zum Sitzen bringen, uns dann etwas von ihm entfernen, beginnend mit einer halben Schrittlänge, und ihn zum Verharren auffordern. Um nun dazu in der Lage zu sein, bauen wir an einer anderen Stelle unseres Spazierweges, wo keine Ablenkungen zu erwarten sind, eine erste Ausbildungsübung ein.

Die Bleib-Übung

Mit dieser Übung wird nicht nur der Hund erzogen, sondern sie vermittelt zudem dem Hundehalter jene Kenntnisse, die er benötigt, um sich mit seinem Hund verständigen zu können. Geben wir nämlich dem Hund die Chance zu merken, was wir von ihm wünschen, tut er es aus innerem Bedürfnis heraus gern. Er ist kein Widersacher, den wir zum Gehorsam zwingen müssen, sondern unser zwar andersartiger, aber doch auf seine Weise hochbegabter Partner, der sich

Die Bleib-Übung.

Oben:
Mit dem Hörzeichen »Bleib!« wird die Handfläche kurz vorgehalten. Der Hund nimmt dies wahr, auch wenn er nicht hinzublicken scheint. Nach einer Pause von zwei Sekunden tritt der Besitzer entschlossen vor den Hund. Kommt der Hund mit, ertönt das ruhig gesprochene »Nein!«, und der Hund wird erneut zum Sitzen gebracht. Die Übung beginnt von vorn.

Oben rechts: Zur Bestärkung des sitzengebliebenen Hundes gibt man unter Vorhalten der Handfläche das Hörzeichen »Brav bleib!«.

Rechte Seite:

Oben links: Ohne den Hund anzublicken, wartet man anfangs nur etwa fünf Sekunden vor der Weiterarbeit. Später dehnt man das Warten aus, es kann dann auch fünf Minuten dauern, und man kann dazu auf einer Bank Platz nehmen.

Oben Rechts: Vor dem Zurücktreten gibt man nochmals das Hörzeichen »Bleib!« unter kurzem Vorhalten der Handfläche, macht daraufhin eine Pause von zwei Sekunden und begibt sich wieder an die Seite des Hundes.

Unten links: Das Lob erfolgt erst, nachdem man eine Weile entspannt neben dem Hund gestanden hat.

Unten rechts: Nach dem Lob erhebt man sich und steht mindestens zwei Sekunden entspannt neben dem Hund. Dies ist die Schlußposition. Wann immer der Hund zuvor die Sitzstellung verlassen hat, ertönt unser »Nein!«, und die Übung wird ganz von vorn wiederholt. Ohne den Standort zu verlassen, leinen wir ihn aus der Schlußposition ab und geben ihn frei, oder wir führen ihn unter »Komm!« weiter.

Überqueren einer Straße.

Links außen: Vor dem Randstein bringt man den Junghund sanft, aber doch bestimmt, zum Sitzen. Dann wartet man einige Sekunden, läßt auch etwa einige Autos vorbeifahren.

Links: Jetzt beginnt man unter »Komm!«, die Straße zu überqueren.

Links außen: Auf dem gegenüberliegenden Gehsteig angelangt, wird der Hund erneut zum Sitzen gebracht (das Anheben vorn und die Hilfe hinten sind hier gut erkennbar).

Links: Erst nachdem man sich erhoben und eine Weile gewartet hat, erfolgt das Lob, wobei der Hund sitzenbleibt. Erhebt er sich, wird er erneut zum Sitzen veranlaßt und nach einer Pause gelobt. Nach dem Lob steht man eine Weile aufgerichtet und entspannt neben dem Hund. Ohne das Einschalten all dieser Pausen ist es für den Hund schwer, die Vorgänge in ihrem Ablauf aufzunehmen.

uns freudig anpaßt. Er ist zudem gut lernfähig, wenn wir uns so verhalten, daß seine Auffassungsgabe nicht überfordert wird.

Alle diese recht kompliziert klingenden Dinge lassen sich nun für uns und den Hund in der einfach durchzuführenden Bleib-Übung darstellen und erkennen. Der vom Hund geleistete Lernprozeß läßt sich dabei gut beobachten. Das macht uns nach einigem konzentriertem Üben (höchstens einmal täglich während fünf Minuten, später etwas länger) sehr sicher im Umgang mit dem Hund. Wir wissen dann, wie wir ihn beeinflussen können, und der Hund wird aufmerksam auf unser Tun und gewöhnt sich daran, die erwünschten Vorgänge auszuführen.

Stufenweise gehen wir wie folgt vor:

1. Wir halten die Leine an ihrem äußersten Ende in der rechten Hand, marschieren mit dem an unserer linken Seite folgenden Hund in gutem Tempo geradeaus, wenden auf einem Punkt und marschieren in Gegenrichtung, ohne bis jetzt dem Hund etwas gesagt zu haben, auch ohne uns ihm ständig körperlich zuzuwenden, sondern ganz gymnastisch gelöst. Der Hund wird sehr bald auf unsere konstante Bewegung ansprechen. Folgt er uns jetzt gut an der Seite, wird er mit der linken Hand kurz lobend am Kopf berührt. Drängt er nach vorn in die Leine, wiederholen wir wortlos die Wendung, dies stets rechtsumkehrt, wodurch die Leine sich vor unserem Leib befindet und so der Hund mit unserem ganzen Gewicht mitgenommen wird.

2. Nach einigem Hin- und Hergehen fassen wir erstmals die Leine knapp über dem Halsband mit der linken Hand und heben den Hund – immer noch gehend – etwas an.

3. Jetzt verlangsamen wir unseren Schritt bis zum Anhalten, wobei der Hund unverändert mit Leine und Halsband angehoben bleibt. Setzt er sich jetzt nicht von selbst, übernehmen wir die Leine mit der rechten Hand, ohne die Spannung nach oben zu verringern. Dann tippen wir mit den Fingerspitzen der linken Hand auf seine Kruppe und veranlassen ihn so zum Sitzen.

Hat er sich spontan oder durch das Antippen gesetzt, machen wir noch eine kleine Pause und sprechen dann freundlich und gedehnt »Siiitz«, während wir die Leine sachte ganz entlasten. Nach einer weiteren Pause von zwei Sekunden loben wir den Hund mit »Brav sitz«, und gleichzeitig legen wir ihm unsere linke Hand lobend auf den Kopf. Bis dahin ging es um eine Geh- und Sitzübung, die jedoch der Bleibübung stets vorauszugehen hat.

4. Jetzt halten wir dem Hund die Handfläche der linken Hand vor den Kopf (mit geschlossenen Fingern), dies genauso lange, wie unser gleichzeitiges »Bleib!« ertönt (nicht im Befehlston, sondern freundlich-gedehnt gesprochen). Dann nehmen wir die Hand zurück. Außer diesem Handzeichen haben wir gar keine Bewegung gemacht, uns weder vorgebeugt noch uns dem Hund zugewendet.

5. Nach einer Pause von etwa zwei Sekunden treten wir nun – die Leine immer noch am äußersten Ende haltend – vor den Hund. Dies nicht zögernd, sondern mit zwei, drei entschlossenen Schritten.

Bleibt der Hund sitzend zurück, bekräftigen wir sein Verhalten nun

Ein- und Aussteigen beim Auto.

Oben links: Der Hund wird vor der Wagentür zum Bleiben gebracht.

Oben rechts: Jetzt öffnet man die Tür. Bleibt der Hund nicht sitzen, schließt man die Tür unter »Nein!« erneut und beginnt die Übung von vorn.

Unten links: Nach einer Pause fordert man den Hund mit »Geh rein!« und einem klaren Arm- und Handzeichen zum Einsteigen in den Wagen auf. Will er nicht hinein, hebt man ihn wortlos in den Wagen.

Unten rechts: Mit »Brav bleib!« kann man jetzt den Hund loben. Das gleiche Bild zeigt, wie man beim Aussteigen vom Hund verlangt, auch nach dem Öffnen der Tür noch im Wagen zu verharren, bis man ihn mit »Komm raus!« zu dessen Verlassen auffordert und neben sich zum Bleiben bringt. Dann erst wird die Tür geschlossen.

von vorn mit einem »Brav bleib!«, wobei wir ihm gleichzeitig die Handfläche entgegenhalten (linke Hand) und wieder zurücknehmen bei ausklingendem Hörzeichen.

Verläßt der Hund die Sitzstellung, so ist dies für uns kein Grund zum Ärgern, sondern wir freuen uns darüber, daß er uns Gelegenheit dazu gibt, ruhig (affektlos) »Nein!« zu sagen. Denn dieses »Nein« ist ein wichtiges Hilfsmittel zur gegenseitigen Verständigung zwischen Besitzer und Hund. Es wird nämlich dem Hund bald zum Zeichen dafür, daß er etwas im Moment nicht Erwünschtes getan hat, worauf immer eine ruhige Korrektur erfolgen wird, die er dann auch erwartet. Dieses »Nein« dient uns später dazu, den Hund zu bremsen und auf uns aufmerksam zu machen, wobei er dann auch vorzüglich ansprechbar für die erfolgende Korrektur sein wird. Diese besteht im Falle der Bleib-Übung stets darin, daß wir den Hund genau am selben Platz wie zuvor zum Sitzen bringen, dies auch in genau gleicher Weise wie zuvor, und die Bleib-Übung von vorn beginnen.

6. Es ist durchaus möglich, daß der Hund uns beim Vortreten nach dem »Bleib!« einige Male nachfolgt, in Ausnahmefällen über zehnmal und mehr. Auch kann sich uns ein Hund dabei ausweichend oder blockierend entgegenstellen. Das würde besagen, daß dieser Hund noch nicht richtig eingeordnet ist. Man darf sich darüber freuen, daß uns gerade diese Übung – richtig durchgeführt – Gelegenheit gibt, dies nachzuholen. Voraussetzung für den Erfolg ist unser ruhiges und exaktes Handeln. Ist also der Hund von Anfang an oder nach Wiederholungen der Bleib-Übung sitzengeblieben, als wir vor ihn traten, und haben wir unser bekräftigendes »Brav bleib!«, verbunden mit dem Handzeichen, gegeben, bleiben wir eine gewisse Zeitspanne, die zu variieren ist, vor ihm stehen, und zwar entspannt und ohne ihn anzuschauen.

7. Ohne jede andere Bewegung vorzunehmen, halten wir nun dem Hund erneut unsere Handfläche entgegen, begleiten dieses Sichtzeichen mit dem Hörzeichen »Bleib!« und nehmen die Hand sogleich wieder zurück.

8. Nach einer Pause von etwa zwei Sekunden, während der wir ganz entspannt (und ohne Trend nach vorn) verharren, treten wir jetzt entschlossen zum Hund zurück, wo wir aufrecht und ruhig zwei weitere Sekunden stehenbleiben. Die hier angegebenen Pausen sind wichtig, weil dadurch der Vorgang der Auffassungsgabe des Hundes angepaßt ist. Damit wir also die Pausen nicht vergessen, gewöhnen wir uns daran, eine Zahl wie »einundzwanzig« zu denken oder leise zu sprechen.

9. Nun loben wir den Hund mit der linken Hand und mit gleichzeitigem Hörzeichen »Brav bleib«. Man muß dieses Lob gut dosieren, damit der Hund seine Sitzstellung nicht verläßt, weil er meint, die Übung sei beendet. Es genügt, wenn wir dem Hund kurz die linke Handfläche auf den Kopf legen, womit wir andeuten: »Wir beide haben uns verstanden«. Unser freudig erregtes Tätscheln ist kein gezieltes Lob, es lenkt den Hund nur ab und wird von ihm mißverstanden.

10. Erst wenn der Hund auch nach dem Lob noch sitzt und auch sitzenbleibt, während wir nochmals zwei

Sekunden entspannt und aufgerichtet neben ihm verweilen, ist die Bleib-Übung beendet. Entweder gehen wir, den Hund an der Leine, weiter, nachdem wir ihm »Komm« gesagt haben, oder wir leinen ihn ab und ermuntern ihn mit »Geh frei!«, sich von uns zu entfernen.

Auch wenn der Hund im allerletzten Teil der Bleib-Übung die Sitzstellung verlassen hat, beginnen wir die ganze Übung von vorn. Es gibt demnach während der Bleib-Übung keine andere Korrektur als den totalen Neubeginn. Dadurch werden die Handlungsteile der Übung für den Hund dermaßen verkettet zu einer Handlungsfolge, daß er die Übung schließlich mit großer Sicherheit durchführt. Gleichzeitig haben wir gelernt, völlig gelassen zu bleiben, wenn der Hund unerwünscht reagiert, und uns auf das genaue Durchführen der Korrektur zu konzentrieren. Damit ist eigentlich auch das genau umschrieben, was man in der Hundeerziehung Konsequenz nennt.

Gehen wir nun in Gedanken zurück zu unserem Baumstrunk, wo wir den Hund zum Hinaufsteigen und Verbleiben ermuntert haben. Hier werden wir nach dem Erarbeiten der Bleib-Übung etwas anders vorgehen, nämlich den Hund vor dem Strunk an unserer Seite zum Sitzen bringen, dann »Bleib!« sagen und seitlich vortreten, also nicht ganz vor den Hund zu stehen kommen. Jetzt können wir aus dieser Stellung den Hund zum Hinaufsteigen ermuntern, dann mit dem Handzeichen und dem gleichzeitig erfolgten Hörzeichen »Bleib!« den Hund zum Verharren bringen und ihn schließlich nach mehr oder weniger langer Wartezeit abrufen.

Dieselbe Übung können und sollen wir auch auf andere Situationen übertragen, wo sich eine Erhöhung, etwa ein Felsen oder ein Erdhügel, befindet. Bald wird sich der Hund nach unserem Hörzeichen »Geh rauf!« nach einer Möglichkeit umsehen, wo er hinaufgehen kann. Damit ist es nun gelungen, uns mit dem Hund zu verständigen, und das bedeutet, daß nicht nur der Hund, sondern auch wir viel gelernt haben. Das ist wichtig, weil die Verständigung zwischen Mensch und Hund nur vom menschlichen Partner aufgebaut werden kann.

Wie die Bleib-Übung, so sollten auch die anderen Grundübungen möglichst bald und oft in Situationen des praktischen Alltags durchgeführt werden. Das Besteigen und Verlassen des Wagens bietet dazu eine günstige Gelegenheit, erfolgt es doch oft mehrmals täglich.

Zu Anfang wird auch hier an der Leine gearbeitet. Erst beim Erreichen einer sicheren Ausführung tut man es mit dem abgeleinten Hund. Doch beim Verlassen des Wagens empfiehlt es sich, den Hund stets noch im Fahrzeug an die Leine zu nehmen – im Hinblick auf die Verkehrssicherheit. Denn nach einer Fahrt drängen die Hunde meist stürmisch aus dem Wagen und könnten so auf die Fahrbahn gelangen.

Das Abrufen

Um im Bereich des Herbeirufens mit unserem Hund erfolgreich zu sein, benötigen wir ebenfalls etwas Konzentration und ein klares Konzept des Vorgehens. Wie bei der Bleib-Übung deutlich wurde, sollten wir eine immer gleichbleibende Reihe von Handlungen zu einem Handlungsablauf verketten. Und dieser Handlungsablauf beginnt stets ganz vorn, und er endet ganz am Schluß mit dem letzten Glied der Kette. Achten wir auf diese Ganzheit des Vorganges, dann wird er für den Hund sozusagen zum Ritual, und er kann am Ende gar nicht anders, als dieses zu erfüllen. Man sagt dann, er gehorcht. Aber es ist dies mehr als nur gehorchen, denn er tut es aus einem inneren Bedürfnis heraus, was bedeutet, daß er es gern tut.

Bevor wir die Technik des Abrufens am Modell der Abrufübung darstellen, wie sie auf jedem Spaziergang einzubauen ist, seien die wichtigsten Regeln für das Verhalten des Besitzers auf einem Spaziergang angeführt. Gerade hier haben wir Gelegenheit, uns selbst an stets gleichbleibendes, das heißt konsequentes Vorgehen zu gewöhnen.

1. Beim Spazieren sollte man nur dann rufen, wenn man wirklich vorhat, den Hund an seiner linken Seite in Sitzstellung zu bringen. Ruft man ihn ohne dieses bestimmte Ziel, nur weil man das Gefühl hat, er sei etwas weit weg, oder er könnte sich in einen Gefahrenbereich begeben, und nimmt man ihn dann doch nicht ganz herbei, wird der Hund den Ruf sehr bald zu ignorieren beginnen.

2. Das Hörzeichen, das zum Herbeirufen verwendet wird, kann zum Beispiel »Komm!« heißen. Es kann auch mit dem Namen des Hundes verbunden werden, nämlich dann, wenn man mit dem Namen die Aufmerksamkeit des abgelenkten Hundes auf sich ziehen will, bevor man ihn abruft. Den Namen des Hundes allein als Ruf-Hör-Zeichen zu verwenden, ist nicht zu empfehlen.

3. Das Hörzeichen »Komm!« ist stets nur einmal zu geben, nur im äußersten Notfall zweimal. Bevor man es gibt, bleibt man stehen und wartet an dieser Stelle, bis der Hund an unserer linken Seite sitzt.

4. Kommt der Hund auf einmaliges Hörzeichen nicht herbei, entfernen wir uns entschlossen in eine bestimmte Richtung. Bietet sich dazu Gelegenheit, verstecken wir uns auch, indem wir hinter einen Baum, einen Busch, eine Mauer treten und dort stumm den Hund erwarten. Er wird uns sehr beunruhigt zu suchen beginnen und daraufhin bald den Ruf ernster nehmen, nämlich sozusagen als die Mitteilung: »Paß auf, ich gehe weg.« Dann kommt er eben auch.

5. Rufen wir mehrmals, empfindet der Hund dies nicht mehr als Aufforderung herbeizukommen, sondern als fortlaufende Meldung, daß der Meister in der Nähe ist. Warum sollte er da herbeikommen?

6. Den noch sehr jungen Hund rufen wir, wenn möglich, nur dann, wenn er ohnehin schon herbeikommt. Dann verknüpft sich unser Ruf »Komm!« von Anfang an mit der entsprechenden Handlung. Zum Herbeikommen regen wir den Hund durch auffälliges, bewegungsbetontes Wegrennen an, empfangen ihn dann lobend, bringen ihn sanft, aber bestimmt an unserer linken Seite in Sitzstellung, richten uns auf und loben ihn nach kurzer Pause erneut.

Dieses Vorgehen ist schon Teil der Abrufübung, die im folgenden erklärt wird.

Zuvor jedoch noch einmal das Wesentliche des Abrufens des Rottweilers auf dem Spaziergang in Stichworten:

- Nur rufen, wenn man den Hund wirklich bei sich haben will;
- anhalten und einmal das Hörzeichen »Komm!« geben.
- Kommt der Hund, ruhig und aufgerichtet warten. Nur wenn er greifbar wird, ohne daß wir unseren Standort verlassen müssen, nehmen wir ihn zur linken Seite und bringen ihn wortlos, also rein manuell, zum Sitzen.

Jetzt richten wir uns auf, warten zwei Sekunden, loben ihn dann kurz (»Brav komm«, Hand auf den Kopf), richten uns auf und leinen ihn nach einer weiteren 2-Sekunden-Pause an, wonach wir uns wiederum aufrichten und entspannen. Nach der obligaten Pause sagen wir zuerst »Komm« und setzen uns dann mit dem Hund in Bewegung.

Auf diese Weise ist es dem Hund bald möglich, das Rufzeichen »Komm« mit dem Ziel der Übung, nämlich dem Sitzen an der linken Seite seiner Bezugsperson, zu verknüpfen.

- Sehen wir uns nach längerem Warten gezwungen, ein zweites Mal zu rufen, bewegen wir uns vorerst seitwärts weg von unserem Standort, wo wir anhalten und den Ruf einmal wiederholen.

Wir lassen nun dem Vierbeiner reichlich Zeit, unseren Ruf mit der erwünschten Schlußposition der Übung in Verbindung zu bringen und herbeizukommen.

- Kommt der Hund immer noch nicht, entfernen wir uns wortlos und – wenn sich dazu Gelegenheit bietet – verstecken uns.

Fehler

- Den Hund rufen, wenn wir uns noch fortbewegen, und, wenn er herbeikommt, nicht auf dem Zuendeführen des Abrufrituals zu bestehen, sondern einfach – z. B. im Gespräch mit anderen Leuten – weitergehen.
- Das Greifen nach dem Hund, wenn er noch nicht nahe genug ist. Es wird vom Hund als Spielaufforderung empfunden, und er weicht aus.
- Jedes wiederholte Rufen, ohne zuvor vom Standort Abstand zu nehmen und wieder stillzustehen.

Ist der Hund einmal so abgelenkt, daß er ganz einfach nicht kommen kann (Spiel, Mäuse, läufige Hündin etc.), dann den Ruf nicht wiederholen, sondern den Hund selber abholen, wobei man ihn auch mit einem Leckerbissen auf sich aufmerksam machen kann. Weder Rüge noch Lob erteilen.

Die Abrufübung

1. Wir wählen in unserem Spaziergebiet eine Strecke, die an sich schon kanalisierend wirkt: also ein seitlich begrenztes Wegstück, ein Waldsträßchen, eine kleine Geländeschneise oder ähnliches.

2. Eine Hilfsperson, die zum Hund nicht in einer engen Beziehung steht, hält ihn zurück, während wir uns wortlos mit raschen Schritten entfernen. Nach 20–30 m halten wir an und wenden uns dem Hund zu. Entspannt bleiben wir so stehen, wobei wir innerlich langsam bis 20 zählen, ohne die kleinste Bewegung zu machen. Dabei fixieren wir nicht den Hund, sondern blicken über ihn hinweg.

Die Bezugsperson hat sich lautlos entfernt und nimmt in einer Distanz von 20–30 m Aufstellung. Jetzt zählt sie langsam bis 20, ruft dann einmal. Bei alledem verhält sie sich bewegungslos.

3. Jetzt sagen wir ruhig (und bewegungslos) »Komm!«, worauf der Helfer den Hund freigibt. Er ist durch unser ruhiges Verbleiben in Spannung geraten und nähert sich meist rasch.

4. Wir bleiben weiterhin bewegungslos-entspannt und wortlos stehen und beobachten aus dem Augenwinkel, wohin sich der Hund begibt. Er rennt vielleicht an uns vorbei, kommt aber um so sicherer zurück, je unveränderter wir stehenbleiben.

5. Ist der Hund nahe genug, ergreifen wir ihn (immer noch ohne zu sprechen) am Halsband und bringen ihn sanft, aber bestimmt an unserer linken Seite zum Sitzen. Dann richten wir uns auf, bleiben zwei Sekunden entspannt stehen, ohne den Hund anzublicken oder uns ihm zuzuwenden.

Erst jetzt wird der Hund mit »Brav komm« und dem kurzen Auflegen der Hand auf seinen Kopf gelobt, worauf wir uns erneut aufrichten und die obligate Pause einlegen. Bleibt der Hund danach nicht sitzen, sagen wir »Nein« und korrigieren ihn genauso, wie bereits auf Seite 42 beschrieben.

6. Jetzt erst nehmen wir die Leine, die wir um die Schultern gehängt oder in der Tasche trugen, damit unsere Hände frei sind, und haken den Karabiner ein. Später können wir den Hund aus dieser Situation auch wegschicken, indem wir ein entsprechendes Hörzeichen – etwa »Geh frei!« – sprechen, aber selbst noch am Standort verweilen, bis der Hund wegläuft.

Am Anfang muß man ihm oft mit einem Schubs helfen, später wird er aufmerksam unser Hörzeichen erwarten und dann spontan wegrennen.

7. Haben wir ihn angeleint, sagen wir vor dem ersten Schritt des Weitergehens »Komm«. Tun wir dies nicht, wird unser erster Schritt für den Hund zum Sichtzeichen für das Wei-

Links außen oben: Nun wird er freigelassen. Meist läuft er rasch zur Bezugsperson und an ihr noch etwas vorbei. Bleibt sie immer noch ruhig und unverändert stehen, kommt er normalerweise zu ihr zurück.

Links oben: Jetzt bringt die Bezugsperson wortlos den Hund gemäß der Grundübung »Anhalten–Setzen« neben sich in Sitzstellung.

Links außen unten: Die obligate Pause von zwei Sekunden, wobei man entspannt und aufgerichtet neben dem Hund verweilt, ist vor dem Lob besonders wichtig.

Links unten: Das Lob wird ruhig und bestimmt gegeben mit dem Hörzeichen »Brav komm!«

Oben links: Wiederum erfolgt die obligatorische Pause, wonach der Hund angeleint wird.

Oben: Nochmals verweilt man zwei Sekunden, bevor man »Komm!« sagt und danach weitergeht.

tergehen mit dem Meister, und es kann sich dadurch bei der Bleib-Übung ein Mißverständnis ergeben, weil wir dort nach dem »Bleib!« auch wortlos vortreten.

Auf solchen kleinen Unachtsamkeiten unsererseits beruht sehr oft ein unerwartetes Versagen unseres Rottweilers.

Aufbauende Übungen in der Praxis

Wie schon erwähnt, sollten wir die grundlegenden Übungen, wobei der Hund die Bedeutung der Sicht- und Hörzeichen kennengelernt hat, in die Praxis verlegen.

Erst wenn er auch dabei wie erwünscht reagiert, ist das Ausbildungsziel erreicht.

Das gilt natürlich auch für die oben beschriebene Abrufübung. Klappt diese gut, wenden wir sie ebenfalls bei unseren Spaziergängen an. Erreichen wir dabei eine Stelle im Gelände, wo mit wenig Ablenkungen zu rechnen ist, und der Hund befindet sich freilaufend in einiger Distanz, bleiben wir stehen und rufen unser »Komm« einmal. Mit Geduld erwarten wir danach die Reaktion des Hundes. Oft braucht er nämlich Zeit, um die Verknüpfung des Hörzeichens mit dem erwünschten Ziel – der Endposition an der Seite der Bezugsperson – herzustellen. Also heißt es ruhig warten, ohne den Hund ein zweites Mal zu rufen.

Kommt er aber länger nicht, verlagern wir unseren Standort um mindestens 10 m seitwärts, bleiben stehen und rufen ein zweites Mal. Meist nähert sich nun der Hund, und wenn wir unbeweglich und stumm verharren, gelangt er in greifbare Distanz. Von dem Moment an gehen wir genau nach der Abrufübung vor.

Exaktheit ist unerläßlich

Warum sich die Bezugsperson bei der Abrufübung von Kopf bis Fuß vollkommen bewegungslos verhalten muß (auch wenn sie den Ruf abgibt), bedarf einer Erläuterung.

Wir nützen dabei die Sehweise des Hundes aus. Er ist ein Bewegungsseher. Die kleinste optisch wahrnehmbare Bewegung, die uns normalerweise entgeht, erkennt er sofort. Doch bewegungslose Objekte, so groß sie auch sein mögen, vermag er nur im Umriß und nicht nach ihrem »Inhalt« sowie nach ihrer Wesensart zu erkennen.

Steht nun die eben von ihm weggegangene Bezugsperson plötzlich völlig bewegungslos und stumm in 20 bis 30 m Distanz da, nimmt die Sicherheit des Hundes, um wen es sich handelt, rasch ab. Er gerät dermaßen in Spannung, daß er hineilt, wenn ihn die rufende Stimme aus seiner Unsicherheit erlöst. Zudem erfolgt die Verknüpfung des »Komm« mit seiner Freude des Wiedererkennens seiner Bezugsperson anhand ihrer Stimme.

Ganz sicher ist er sich aber erst beim Wahrnehmen des Körpergeruchs dieser Person, wenn er in ihre Nähe gelangt. Erst jetzt ist sie für ihn endgültig »gefunden«. Das ist der Grund, warum manche Hunde erst einmal an ihrem Besitzer oder ihrer Besitzerin vorbeirennen und irgendwo an einem Grasbüschel, einem Stein oder ähnlichen Dingen markieren. Damit ist das Ereignis erst für sie erledigt.

Bleibt nun aber die Person nach wie vor ruhig und wie bisher nach vorn gerichtet stehen, kommen die Hunde fast zwangsläufig zu ihr zurück und können nun von ihr in die Endposition der Übung gebracht werden.

So lernt der Hund sehr schnell, welches Ziel er auf den Ruf hin anzugehen hat. Das heißt, er verknüpft das »Komm« zusätzlich mit der Sitzstellung an der linken Seite der Bezugsperson. Daß dies die erwünschte Stellung und der erwünschte Platz ist, die ihm durch den Ruf mitgeteilt wurden, wird ihm durch das exakt abgegebene Lob noch bestätigt. Damit fühlt er sich mit uns einverstanden, womit sich unser Einfluß vertieft.

Wer diesen Vorgang zu kompliziert findet, vergißt, daß der Hund die Umwelt anders erlebt und empfindet als der Mensch. Wird die Abrufübung aber exakt ausgeführt, erleben Besitzer und Zuschauer, daß der ganze Vorgang aus der Sicht des Hundes einfach und verständlich ist. Es gelingt uns so, ein wenig die Sprache des Hundes zu sprechen.

Wir haben nun einmal mehr einen scheinbar einfachen Vorgang, nämlich das Abrufen, in allen Einzelheiten des Aufbaus und der Anwendung beschrieben. Wer dieses Vorgehen für übertrieben genau hält, so daß es den Hund mehr belastet als motiviert, verkennt, daß durch die Genauigkeit und Gleichförmigkeit unserer Handlungsvorgänge das Lernvermögen des Hundes nicht überfordert, sondern angesprochen wird. Das heißt, wir geben damit dem Hund die Chance, überhaupt zu merken, was wir von ihm wünschen. Und gerade dadurch fühlt er sich uns in verstärktem Maße verbunden.

Im Grunde beinhaltet diese Art des Vorgehens das, was in allen Hundebüchern als das A und O der Hundeerziehung gepriesen wird, nämlich die beiden Begriffe »Konsequenz« und »Geduld«. In diesem Bereich erwächst dem Hund die Möglichkeit, sich an eine bestimmte, von uns angestrebte Handlungskette zu gewöhnen, bis ihm die erwünschten Vorgänge zum inneren Bedürfnis werden und er sie gerne ausführt.

Dieses Vorgehen erfordert von uns einige Mühe, weil wir uns ja innerlich vorbereiten müssen, um exakt handeln zu können. Dann aber sind wir tatsächlich in der Lage, mit etwas Konzentration und Zuwendung unseren Hund ganz allein auf dem täglichen Spaziergang und ohne Mehraufwand an Zeit dazu zu bringen, daß er sich sicher herbeirufen läßt und daß er sicher bleibt, wenn wir es verlangen.

Hinzu kommt, daß wir durch unser exaktes Vorgehen den Hund nicht verunsichert haben, sondern ihn im Gegenteil im Umgang mit uns haben sicher und vertrauensvoll werden lassen. Auf dieser Basis des gegenseitigen Vertrauens ist auch eine weitergehende gemeinsame Ausbildung sehr gut möglich.

Freilich kommt hinzu, daß wir auch in der Lage sind, den Hund von jenen Dingen abzuhalten, die er zu meiden hat, und zwar im Hause wie auf dem Spaziergang. Wir haben schon damit begonnen, als der Hund wenige Tage bei uns war. Doch nun, da er zum Junghund herangereift ist, sollten wir uns erneut damit beschäftigen.

Tabus setzen

Ein Hund fühlt sich nicht geborgen, wenn man ihm alles durchgehen läßt, sondern dann, wenn er merkt, was er tun darf und was nicht. Man wird ihm somit einerseits Freiraum gewähren, andererseits Tabus setzen.

Ein Beispiel: Er soll die Küche nicht betreten dürfen. Wie man dies verhindert und ein nachhaltig wirksames Tabu setzt, wurde bereits in dem Kapitel »Die ersten vierzehn Tage« beschrieben. Es geht darum, den Kleinen dann mit einem kräftigen Schubs von der Schwelle zurückzubefördern, wenn er zum Überqueren derselben ansetzt.

Dabei spielt diese Schwelle eine wichtige Rolle, da Hunde grundsätzlich auf optisch erkennbare Grenzen ansprechen. Sie neigen auch dazu, gut sichtbare Grenzlinien, wie etwa einen Feldrand, als Leitlinien anzunehmen und ihnen zu folgen.

Die Sitzübung am Randstein ist ebenfalls aus diesem Grunde so wirksam, löst doch die Gehsteigkante bald das Sich-Setzen des Hundes wie automatisch aus. Es hängt nur von unserer diesbezüglichen Konsequenz der Ausführung ab, wie bald und wie nachhaltig der Hund hier erwünscht reagiert.

Mit derselben Ruhe und Gelassenheit, mit der wir ihm das Betreten eines verbotenen Raumes verwehren, sollten wir unseren Hund auch vom Besteigen unseres besten Sofas abhalten. Jede Einwirkung macht dann am meisten Eindruck auf den Hund (ohne ihn zu verunsichern), wenn wir dabei ohne jede innere Erregung bleiben. Jedesmal, wenn wir dem Hund gegenüber im Affekt handeln, schädigen wir das gute Einvernehmen mit unserem Hund. Affektlos einzuwirken hat überdies den Vorteil, daß der Hund unser Handeln nicht mit unserer Person in Verbindung bringt, sondern mit dem Objekt, das er angestrebt hat.

Dies läßt sich am besten an einem weiteren Tabu darstellen, nämlich an jenem, das zu setzen ist, damit unser Rottweiler nicht irgendwelche eßbaren Dinge stibitzt. Angenommen, die Einkaufstasche wurde am Boden abgestellt und die Nase des Hundes nähert sich nun den zuoberst liegenden Würstchen, die verführerisch riechen. Wirken wir genau in diesem Augenblick massiv ein, mit einem Klaps oder indem wir etwas hinwerfen, einen scheppernden Pfannendeckel zum Beispiel, dann verknüpft sich im Hund das unerwartete und ihn erschreckende Ereignis mit dem Objekt, dem Würstchenpaket. Bei der nächsten ähnlichen Gelegenheit wird er sich angesichts der Würstchen sogleich auch des unangenehmen Vorfalles erinnern und von seinem Vorhaben absehen.

So ungefähr sollten wir auch vorgehen, wenn der sehr junge Hund mit seinen spitzen Milchzähnchen nach uns faßt. Unter dem Titel »Zugreifen mit dem Fang« habe ich dies bereits beschrieben. Genügt nun aber bei älter werdenden Hunden unser Wehlaut nicht mehr, um ihn vom allzu festen Zufassen abzuhalten, geben wir ihm in aller Gelassenheit einen Klaps an den sehr harten und wenig empfindlichen Hundeschädel.

In Hundebüchern wird oft behauptet, man solle niemals mit der bloßen Hand einwirken; es wird von zusammengerollten Zeitungen und ähnlichen Hilfsmitteln gesprochen. Diese sind aber leider nur selten zur Hand, wenn der richtige Moment des Einwirkens gekommen ist. Entweder tun wir jetzt das Unerläßliche mit der bloßen Hand, oder wir sehen von der Einwirkung ab. Wir können ruhig das erste tun, denn die Erfahrung bestätigt, daß kein Hund handscheu wird, wenn der Klaps im richtigen Moment erfolgt. Normalerweise wird der Hund nun vorsichtiger werden im Fassen, und damit haben wir unser Ziel erreicht. Haben wir dem Hund genügend verschiedene und ihn interessierende Spielobjekte vorgelegt, die er nach Lust und Laune auch zerstören darf, wird er die zu schonenden Objekte eher sein lassen. Mit Schuhen, die man eben ausgezogen hat, muß man jedoch besonders aufpassen, sie riechen so wunderschön nach unserem Körper. Also stellen wir sie dorthin, wo der Hund sie nicht erreichen kann. Dasselbe ist bei allen anderen Dingen zu empfehlen, die auf den Hund einen besonderen Reiz ausüben.

Ablenkungsmanöver

Mit das Schwierigste ist es, einen jungen Hund, der leicht und oft Laut gibt, vom andauernden Bellen abzuhalten. Am besten lenken wir ihn ab, bringen ihn etwa mit einem Leckerbissen oder mit seinem liebsten Spielzeug in eine andere Stimmung. Gerade hierbei würde sich Schelte oder ein Beruhigungsversuch nicht eignen, weil dabei fast immer unsere innere Nervosität und Unsicherheit ein wenig mitschwingt, was vom Hund sofort bemerkt wird. Und so wird er sein Bellen noch verstärken.

Das Bellen und Heulen eines jungen Hundes, der allein gelassen wird, ist noch schwieriger zu beheben, wenn er erst einmal damit angefangen hat. Wir sollten also mit dem Alleinlassen vorsichtig-abwartend umgehen. Hat sich der Hund bei uns gut eingelebt, fühlt er sich auch sicherer in der Wohnung, und unsere Abwesenheit bedrückt ihn weniger.

Manchmal hilft ihm auch das Laufenlassen des Radios, ruhig zu bleiben. Sicher wirkt es auch ablenkend, wenn wir dem Hund einen größeren Kauknochen überlassen, bevor wir weggehen.

Auf keinen Fall darf das Weggehen zögernd geschehen, weil der Vierbeiner auch dies sofort merkt und unruhig wird. Aber man wird mit kurzem Wegsein beginnen und die Dauer der Abwesenheit langsam steigern.

Kommen wir trotzdem nicht zum Ziel, haben wir es leider mit einem Hund zu tun, der in seinen ersten zwölf Lebenswochen mangels belebtem Umfeld zu wenig sicher werden konnte, und wir müssen uns mit Geduld wappnen.

Hat der Hund Angst vor bestimmten Geräuschen, können wir ihm meist auch mit einem Ablenkungsmanöver am besten helfen. Ein Leckerbissen kann hier Wunder wirken.

Bei Knalleffekten wie Feuerwerk können wir den erwachsenen Hund durch geschicktes Zureden, etwa mit »Paß auf!«, von der Angst zur Aggression bringen. Beginnt er nämlich zu bellen, fühlt er sich schon stärker und wird sich dann auch rascher wieder beruhigen.

Wenn Besuch kommt

Ein wesensfester Hund, der zudem als Welpe genügend Kontakte zu Personen genossen hat, wird jedem Besucher freundlich und zutraulich begegnen. Wir haben höchstens dann Probleme mit ihm, wenn er unsere Gäste allzu ungestüm und stürmisch begrüßt.

Zeigt ein Hund jedoch gegenüber Besuchern eher Zurückhaltung, sollten wir ihn nicht forcieren. Wir wer-

Trotz der Wärme bleibt dem gut beschäftigten Rottweiler seine Aufmerksamkeit erhalten.

den unsere Gäste bitten, den Hund vorerst zu ignorieren und sich unserem zurückhaltenden Vierbeiner erst dann mit Worten und Streicheln zuzuwenden, wenn er selbst bei ihnen Kontakt sucht.

Reagiert ein Hund sehr unsicher gegenüber Besuchern, was stets eine Folge umweltarmer Aufzucht ist, dürfen wir nicht den Fehler begehen, uns selber unsicher zu verhalten. Das überträgt sich sogleich auf unseren Hund.

Beim Rottweiler, der in der Regel ein ausgeprägtes Schutzverhalten zeigt, könnte sich gerade durch unser unklares Verhalten die Aggression steigern. Also werden wir in solchen Situationen entscheiden müssen, ob wir mit unseren Besuchern das Experiment wagen und den Rottweiler im Zimmer belassen wollen, ohne ihn zu beeinflussen, oder ob wir ihn lieber ganz aus dem Raum bringen.

Einen Hund angesichts der ihn beunruhigenden Personen am Halsband oder an der Leine zurückzuhalten, kommt dagegen einer gezielten Förderung seines aggressiven Verhaltens gleich. Dasselbe gilt – wie wir noch sehen werden – bei der Begegnung unseres Hundes mit Artgenossen.

Grunderziehung und Pubertät

Haben wir unseren Rottweiler mit acht bis zwölf Wochen übernommen und vernünftig in unserer Familie integriert und zudem seine Grunderziehung gefördert, dann besitzen wir einen schon recht folgsamen und angenehm zu haltenden Hund, der uns in mancher Hinsicht gut zu verstehen scheint.

Dies alles kann sich mit eintretender Pubertät, also etwa vom sechsten bis siebten Monat an, vorübergehend stark ändern. Dieser Prozeß, der den Hund geschlechtsreif werden läßt, belastet das Tier genauso, wie es den Menschen belastet, wenn er vom Kind zum jungen Erwachsenen wird.

Hat der Hund zuvor bestimmte Dinge auf unsere Hör- und Sichtzeichen hin sicher ausgeführt, kann er nun plötzlich überhaupt nicht mehr auf uns ansprechen und gar nichts oder das Falsche tun. Wenn wir jetzt meinen, uns durchsetzen zu müssen, weil doch der Hund den betreffenden Vorgang kenne und genau wisse, was er zu tun habe, machen wir einen grundlegenden Fehler.

Ein Hund »weiß« im menschlichen Sinne nie genau, was er zu tun hat. Diese Bewußtseinsstufe erreicht er nicht. Wir können ihn nur daran gewöhnen, bestimmte Dinge auf bestimmte Hör- und Sichtzeichen hin zu tun. Voraussetzung ist dabei, daß unsere Zeichen ihn in jene Stimmung versetzen, die ihn zum erwünschten Tun veranlaßt. Und eben das ist während der Reifezeit oft nicht mehr möglich, weil sein ganzes Empfinden von den inneren Vorgängen einer Wandlung belastet wird.

Wir tun also gut daran, uns geduldig und ruhig zu geben, um damit unserem Rottweiler Sicherheit zu verleihen und ihm diese nicht durch falsch angewandte Konsequenz und Starrköpfigkeit zu nehmen. Was wir bis zur Pubertät erreicht haben, ist keineswegs verloren. Wir werden bald wieder auf dieser Basis weiterbauen können.

KAPITEL 6

Die Ernährung des Rottweilers

So robust der Rottweiler ist, so sehr ist er auch auf eine ausgewogene Ernährung angewiesen.

Bei der Übernahme des Welpen haben wir den Futterplan vom Züchter übernommen und unserem Rottweiler dreimal täglich zu fressen gegeben. Dies führen wir so lange durch, bis uns der Hund selbst zu verstehen gibt, daß ihm nun zweimaliges Füttern genügt. Das kann früher oder später eintreten; jeder Hund hat da seine Eigenheiten.

Es wäre auch nicht verkehrt, wenn wir dem erwachsenen Hund noch zweimal täglich sein Futter vorsetzen; damit wird sein Magen nicht allzusehr belastet, und man beugt so einer Magendrehung vor (siehe Seite 65), die ja bei allen mittleren und größeren Rassen, also auch beim Rottweiler, leider vorkommt. Normalerweise geht man aber irgendwann zur einmaligen Fütterung über. Bei Kursen von Gebrauchs- und Diensthunden ist dies die Regel.

Was wir unserem Hund zu fressen geben, hängt zunächst einmal von der Empfehlung des Züchters ab. Fühlt sich der Hund dabei wohl, munter und gesund, besteht kein

Grund, davon abzuweichen. Der Hund ist nicht auf Abwechslung erpicht, und die meisten erhältlichen Fertigfutter enthalten alles, was der Hund braucht.

Hingegen möchte ich von jener dehydrierten Trockennahrung abraten, die den Hund zwingt, sich die nötige Flüssigkeit selbst in Form von Wasser zuzuführen (hohe Nierenbelastung). Auch Flockennahrung mit beigegebenen, stark mit Konservierungsmitteln versehenen, kleinen Fleischbrocken, die als „Vollnahrung" angeboten wird, sollte nicht ausschließlich Verwendung finden. Diese Konservierungsmittel belasten die Stoffwechselorgane stark.

Besser ist es, dem Hund eine fleischlose Flockenmischung anzubieten und dazu abwechselnd etwas Frischfleisch (kein rohes Schweinefleisch – Gefahr der tödlichen *Aujeszkyschen Krankheit*) und Büchsenfleisch zu geben. Dadurch wird der Hund an beides gewöhnt, und wir haben in den Ferien, wo uns vielleicht nur das eine oder andere zur Verfügung steht, keine Verdauungsprobleme mit dem Hund.

Auch Flockennahrung sollte eingeweicht werden. Nach zehn Minuten wird die Flüssigkeit aufgesogen sein, und man kann das Futter vorsetzen. Zusätzlich sollte Frischwasser für den Hund stets erreichbar in einem gesonderten Gefäß bereitstehen.

Reagiert unser Hund auf eine bestimmte Flockenmischung mit Hautreizungen und kratzt er sich auffallend oft, empfiehlt es sich, die Flockenart zu wechseln. Nicht jeder Hund verträgt jede Mischung gleich gut.

Die Nahrungsmittelhersteller versehen ihre Produkte mit allen Vitaminen und Spurenelementen, die ein Hund benötigt. Weitere Zugaben wären somit überflüssig. Die Frage ist nur, ob unser Hund in der Lage ist, diese Zugaben in der angebotenen Form aufzunehmen. Es bleibt auch offen, ob nicht im Frischfleisch, das ja die natürliche Hauptnahrung der Hundeartigen darstellt, Substanzen enthalten sind, die einem Fertigfutter nicht beigegeben werden können. Schon aus diesem Grunde empfehle ich das Zufüttern von Frischfleisch, wann immer sich die Möglichkeit dazu ergibt.

Wieviel ein Hund fressen soll, kann nicht allgemein als Regel formuliert werden, auch dann nicht, wenn wir von seinem Körpergewicht ausgehen. Jeder Hund verhält sich auch in dieser Beziehung anders, die Unterschiede sind dabei recht groß. Der eine kommt mit sehr wenig aus, der andere benötigt beträchtlich mehr.

Unser Maßstab sei ganz einfach der Ernährungszustand, den man beim Rottweiler ja mit bloßem Auge erkennen kann: glänzendes Fell und eine Muskulatur, die sich zumindest im Bewegungszustand noch sichtbar abhebt, sind die Zeichen guter Ernährung; natürlich auch eine allgemeine Lebhaftigkeit und erkennbares Wohlbefinden des Hundes.

Magerkeit dagegen, die die Knochen hervortreten läßt, ist ein alarmierendes Zeichen von Unterernährung oder Krankheit, wobei meist auch das Fell stumpf wirkt.

Ob ihm sein Futter bekommt, zeigt uns auch der Kot des Hundes, wobei der erstabgesetzte Kot normalerweise fester ist als die danach abgesetzten Exkremente. Wenn hier der

Wie füttere ich meinen Hund?

Wie oft?
Junghunde 2- bis 3mal, erwachsene Hunde 1- bis 2mal täglich.
Wann?
Immer zur selben Zeit. Der Hund stellt sich dann auf seine Freßzeit ein, wartet bis dahin geduldig, bettelt nicht.
Wo?
Stets am selben Platz und aus dem gleichen (sauberen) Napf. Der Freßplatz soll vor Sonne, Regen und Wind geschützt sein und sich an einem ruhigen, störungsfreien Ort befinden.
Was?
Jenes Futter, bei dem er sich offensichtlich wohl befindet. Futter nie zu kalt und nie zu heiß, sondern handwarm vorsetzen.
Wieviel?
Futtermenge dem Bedürfnis des Hundes anpassen. Zusätzliche Leckerbissen nur gezielt und nicht nach Laune von Hund oder Herrn geben. Niemals bei Tisch!
Wasser?
In einer separaten Schüssel soll frisches Wasser für den Hund stets erreichbar sein.
Vorsicht!
Nicht vor Spaziergängen oder Sportleistungen füttern.

Kot etwas zu weich erscheint oder gar durchfallmäßig dünn, ist dies noch kein Grund zur Besorgnis; wir sollten aber den Hund beim nächsten Kotabsetzen beobachten.

Wichtig für das Versäuberungsverhalten des Hundes ist, daß wir möglichst regelmäßig zur gleichen Tageszeit füttern. Dann richtet er sich auch zum Kotabsetzen so ein, wie es sich aus unserem normalen Tagesablauf für ihn und uns am besten ergibt. Hunde, die regelmäßig gefüttert und ebenso regelmäßig in ein bestimmtes Spaziergebiet ausgeführt werden, halten ihren Kot in der Regel bis zum täglichen Spaziergang zurück, wobei sie ohne weiteres auch einmal ein bis zwei Stunden zeitliche Abweichung verkraften können. Dies hängt offenbar mit ihrem inneren Bedürfnis, den Kot dann auch zum Markieren zu verwenden, zusammen.

KAPITEL

7

Die Pflege des Rottweilers

Das Wohlbefinden unseres Rottweilers hängt nicht zuletzt von einer ihm angemessenen Pflege ab.

Die beste Pflege, die wir unserem jungen Rottweiler angedeihen lassen können, ist viel und regelmäßige, ab und zu auch ausgedehnte Bewegung.

Natürlich werden wir den ganz jungen Hund nicht überfordern; es besteht aber auch kein Grund, ihn übermäßig zu schonen. Unser Vierbeiner ist von Natur aus ein Bewegungstier, und dem sollten wir Rechnung tragen.

Grundsätzlich benötigt ein Hund nicht viel Platz zum Wohnen und Verweilen, aber er braucht dringend Beschäftigung und Bewegung; jene Bewegung, die ihm bei Spaziergängen und Wanderungen, aber auch im Spiel mit anderen Hunden zuteil wird. Hier können sich seine Muskeln entwickeln und seine Sehnenbänder und Gelenke stärken.

Es ist ein weit verbreiteter Irrtum zu meinen, daß sich ein Hund, dem ein umfangreiches Gartengelände zur Verfügung steht, selbst Bewegung verschaffe. Er wird sich auf seine Art beschäftigen, nämlich mangels Zuwendung Beete umgraben, am Zaun entlangrasen und Passanten mit seinem Gebell verfolgen und andere Ersatzhandlungen vornehmen, über die wir mit Sicherheit nicht sehr erfreut sein werden.

Mit dem Junghund sollte man zwei kürzere Spaziergänge täglich machen sowie einen ausgedehnteren Marsch. Möglichst oft sollte er dabei Hunden begegnen und mit ihnen spielen dürfen.

Unter eineinhalb Stunden pro Tag mit ihm unterwegs zu sein, ist ganz einfach zu wenig.

Darüber hinaus benötigt der Rottweiler wenig Pflege. Man wird ihn ab und zu bürsten, aber nicht mit einer harten Bürste, da seine Haut unter der Behaarung empfindlich ist. Striegeln, auch mit harten Kunststoff- oder Gummistriegel, kann zu kleinen Schürfungen führen, die zu flächigen Entzündungen ausarten können.

Befindet sich der Rottweiler im Haarwechsel, lassen sich die kurzen Haare am besten mit einem feuchten Lappen oder Hirschleder beseitigen, sowohl vom Hund wie von den Möbeln und Teppichen.

Zu seiner Pflege gehört auch das tägliche Beobachten des Rottweilers, um Unregelmäßigkeiten in der Konstitution oder im Verhalten gleich zu erkennen.

Wer sich wirklich mit seinem Hund beschäftigt, und wäre es auch nur zweimal täglich eine halbe Stunde, dem werden Veränderungen in seinem Verhalten nicht entgehen.

Es wäre sinnlos, hier eine vollständige Liste der Krankheiten des Hundes abzudrucken. Für den Besitzer ist es jedoch wichtig zu wissen, bei welchen erkennbaren und aus der Norm fallenden Verhaltensweisen er unverzüglich den Tierarzt aufzusuchen hat oder ihn zumindest telefonisch zu Rate ziehen sollte.

Krankheitssymptome

Husten ist für den Hund eine bedeutend schwerwiegendere Belastung als für uns. Wir sollten nicht zu lange warten und den Tierarzt konsultieren.

Trinkt unser Rottweiler **übermäßig** und gierig Wasser, und dies deutlich mehr als sonst, ist ebenfalls sofort der Tierarzt aufzusuchen. Dasselbe gilt, wenn unser Hund plötzlich übermäßig oft und **viel Wasser läßt.** Beide Erscheinungen könnten eine Nieren- oder Blasenentzündung zur Ursache haben, die sofortiger Behandlung bedarf, will man keinen bleibenden Schaden bei seinem Hund riskieren.

Bei heftigem und nachhaltigem **Durchfall** lassen wir uns auch besser vom Tierarzt beraten, als mit irgendwelchen Medikamenten wertvolle Zeit zu verlieren. Außerdem sollte dem Hund bei Durchfall genügend Flüssigkeit zugeführt werden, wozu sich Schwarztee eignet. Durchfall kann auch wegen Wurmbefall auftreten.

Ist der Hund noch jung, empfiehlt es sich, beim geringsten Verdacht dem Veterinär eine Kotprobe zu bringen. Aufs Geratewohl irgendeine Wurmkur versuchsweise durchzuführen, belastet den Organismus des Hundes stark und führt nicht unbedingt zum Erfolg.

Hat der Hund **Fieber** – über 39,3 °C –, sollte man ebenfalls nicht zu lange warten. Es ist besser, zweimal zu früh zum Tierarzt zu gehen als einmal zu spät.

Bei mehrfachen **Insektenstichen,** aber auch bei anderen **Vergiftungserscheinungen** sollte man sogleich den Tierarzt aufsuchen, damit dieser der schweren Belastung des Organismus entgegenwirken kann.

Hat unser Hund bei einer Rauferei eine **Schramme** abbekommen, so wenden wir reichlich Desinfektionsmittel an. Dies ganz besonders dann, wenn ein aufprallender Eckzahn eines Hundes ein kleines Loch gerissen hat (was übrigens oft vorkommt), ohne daß ein Zubeißen erfolgte. Es kann dies auch im Spiel entstehen. Hier muß intensiv desinfiziert werden, sonst kann sich noch nach Tagen plötzlich unter der Haut eine Entzündung bilden, die mit dem Skalpell geöffnet werden muß.

Bei schmerzhaften **Wirbelsäulenveränderungen,** bei denen der Hund besonders beim Aufstehen nach längerem Liegen Mühe zeigt oder gar jault, wird eine Röntgenaufnahme Gewißheit bringen. Dasselbe gilt bei spontan auftretenden Schmerzen in den Hüftgelenken.

In beiden Fällen, nämlich bei der **Spondylose** und der **Hüftgelenksdysplasie** (HD), kann jedoch ein Hund bis ins Alter beweglich bleiben, wenn man den richtigen Weg zwischen Bewegung und Schonung herausfindet. Auch hier ist es von Bedeutung, daß sich die Muskulatur nicht zurückbildet.

Sehr gefährlich ist für den Hund eine **Magendrehung,** die sich meist in Würgeanfällen äußert, welche jedoch nicht eigentlich zum Erbrechen führen. Nur ein sofortiger operativer Eingriff bringt hier Rettung.

Mehr über Hundekrankheiten müssen wir eigentlich nicht wissen. Beschäftigen wir uns wirklich mit unserem Hund, werden wir auffallende Veränderungen bemerken, und die Entscheidung wird uns dann nicht schwerfallen, ob man noch zuwarten kann oder nicht.

Was die **Impfungen** betrifft, welche vorbeugend verabfolgt werden, lassen wir uns vom Tierarzt beraten. Sie werden in einen Internationalen Impfpaß eingetragen, damit uns bei Grenzübergängen keine Schwierigkeiten entstehen.

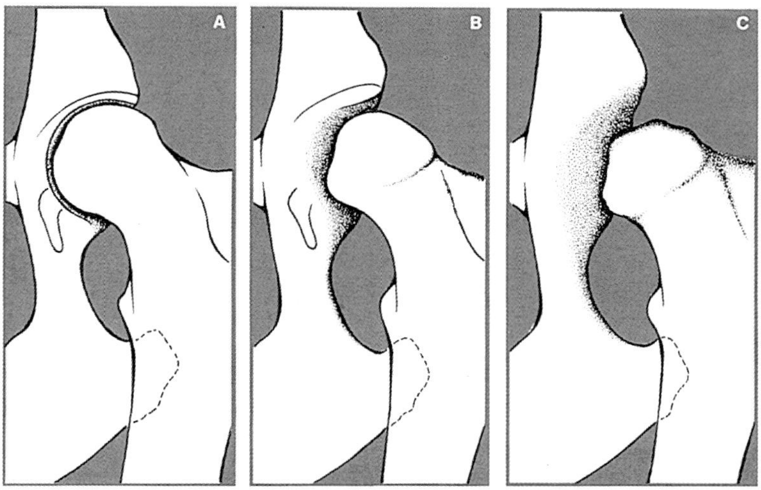

A) Normales Hüftgelenk eines HD-freien Hundes bei gestreckten Hinterläufen.

B) Mittelschwere HD; deutlich sichtbare Veränderungen an Gelenkpfanne und Oberschenkelkopf.

C) Schwere HD; die stark abgeflachten Gelenkpfannen und stark veränderten Gelenkköpfe rufen schmerzhafte Verrenkungen (Luxationen) hervor.

Ein zwölfjähriger Vertreter seiner Rasse – ein Alter, das nicht jeder Rottweiler erreicht.

Der alternde Rottweiler

Erreicht unser Rottweiler ein Alter von acht Jahren, ohne irgendwelche Beschwerden zu haben, dürfen wir zufrieden sein. Wird er in bester Verfassung zehn Jahre alt, dann können wir uns glücklich schätzen. Was darüber ist, ist ein Geschenk des Schicksals, aber es liegt durchaus im Bereich des Möglichen.

Freilich sollten wir bei aller Zuneigung zu unserem Rottweiler nie vergessen, daß auch der liebste und beste Hund ein Tier ist, das wir nicht aus lauter Eigenliebe auch dann noch an uns binden sollten, wenn es merklich Schmerzen leidet. Ein Hund hat keinen Zukunftsbegriff, und wir sollten ihn erlösen, wenn es soweit ist, daß ihm jedes Aufstehen zur Qual wird. Am besten tun wir dies, indem wir selbst ihn zum Tierarzt begleiten, der ihm vertraut ist, wo er keine Beklemmung oder gar Angst empfindet und wo ihn die Spritze in wenigen Sekunden sanft vom Leben zum Tode bringt. Diesen letzten Dienst sollten wir unserem Rottweiler unbedingt erweisen, er hat ihn verdient.

KAPITEL

8

Der Rottweiler als Wächter und Begleiter

Beim IFR-Festival 1993 in der Schweiz wurden Teile aus sorgfältig aufgebauten Wesensprüfungen vorgeführt. Hier die Begegnung mit einer Phalanx entgegenkommender Personen, wobei der Hund sich ruhig und sicher zu verhalten hat.

Die Wesensprüfung

Von den Zuchtkommissionen der Landesverbände werden Rottweilerhunde nach ihrer äußeren Erscheinung und ihrem Verhalten geprüft, bevor sie zur Zucht zugelassen werden. Dies geschieht im Rahmen einer sog. Ankörung. Über die erwünschte äußere Erscheinung gibt das Kapitel »Der Rassestandard des Rottweilers« Auskunft (S. 100).

Für die Anforderungen, die an das Verhalten eines zuchtfähigen Tieres gestellt werden, sind Leitfäden erstellt worden, wonach dann die Rüden und Hündinnen anläßlich einer Wesensprüfung getestet werden.

Die innere Sicherheit und eine entsprechende Verträglichkeit gegenüber Personen und Artgenossen werden in der sogenannten »friedlichen Situation« geprüft. Bei der »Wehrhaftigkeitsprobe« kommt danach hauptsächlich das Schutzverhalten in bezug auf die Bezugsperson zum Ausdruck.

Der Personenkreis schließt sich zuerst langsam und beim zweiten Mal rasch um den Hund …

Wer also Näheres über das Verhalten seines Rottweilers wissen möchte, setzt sich am besten mit dem landeseigenen Rasseclub in Verbindung (Adressen im Anhang, siehe Seite 110), um sich zu einer Ankörung anzumelden.

Es ist jedoch empfehlenswert, dies frühestens nach dem Abklingen der Pubertät des Hundes zu tun, also nicht vor dem Alter von 12 Monaten.

… der auch hier keine aggressive Abwehr zeigen soll.

Es ist nicht so, daß wir unseren Rottweiler zum Wächter auszubilden brauchen, er ist dies aus seinem natürlichen Wesen heraus von selbst. Je mehr er sich bei uns wohl und geborgen fühlt, desto ausgeprägter wird er auch sein Schutzverhalten in bezug auf unsere Familie an den Tag legen und das Haus oder die Wohnung sowie den Garten als ein Gebiet betrachten, zu dem nur wir Zugang haben.

Er wird also bald anfangen, Eindringlinge zu melden, das heißt, er bellt, wenn eine unbekannte Person sich nähert. Personen, die regelmäßig zu uns kommen, wie etwa der Briefträger, wird er bald akzeptieren. Wir tun aber gut daran, ihn mit solchen Leuten selber in Kontakt zu bringen.

Freilich müssen wir Geduld haben, bis der Hund wirklich erwachsen ist, damit er von selbst seine Wächtertalente erkennen läßt. Das geschieht etwa zwischen eineinhalb und zwei Jahren, bei manchen Hunden auch bedeutend früher.

Wer nicht abwarten kann, einen scharfen Wächter zu haben, und des-

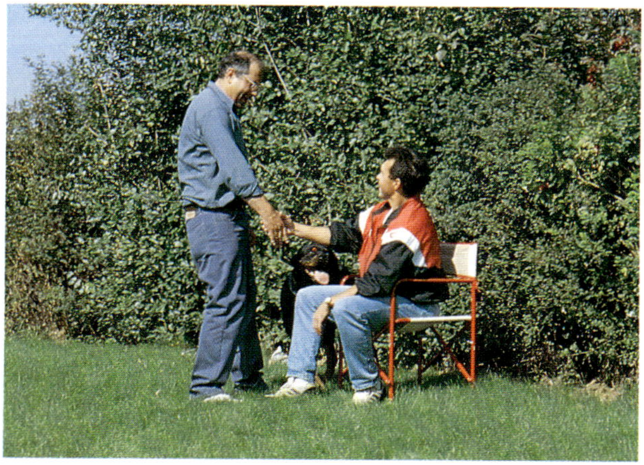

halb an seinem Rottweiler herumlaboriert, indem er ihn mißtrauisch macht oder machen läßt durch dilettantische Helfer, läuft Gefahr, in Schwierigkeiten zu geraten. Sehr schnell kann uns ein Hund mißverstehen, und wenn es einmal zu einem Unfall kommt, ist guter Rat teuer.

Ein nervös und mißtrauisch gemachtes Tier wieder ruhiger und sicherer gegenüber Menschen werden zu lassen, ist nur bedingt möglich. Schlechte Erfahrungen vergißt ein Hund eben nie ganz. Von Experimenten ist also dringend abzuraten, dies gilt ganz besonders in bezug auf den Rottweiler.

Es genügt durchaus, wenn wir den Hund loben, sobald er eine unbekannte Person durch Bellen angibt. Handelt es sich dabei um jemanden, der künftig Zutritt haben soll, werden wir ihn mit dem Hund bekannt machen. Dazu können wir der betreffenden Person, die er eben noch verbellt hat, einen Leckerbissen in die Hand geben, den der Hund – von uns ermuntert – annimmt.

Wir müssen aber auch wissen, daß ein Hund eine Person um so später

Ganz oben: Verhalten gegenüber Einzelpersonen: Eine Fremdperson begrüßt den Besitzer; der Hund hat ruhig zu verweilen.

Oben: Dieselbe Fremdperson greift an; der Hund reagiert abwehrend.

Rechts: Nach einer kleinen Pause soll sich der Hund so beruhigt haben, daß er mit derselben Person vertrauensvoll spielt.

bellend anzeigt, je sicherer er sich in seinem Heimbereich fühlt. Wer mit seinem Hund in einem Ferienhaus oder auf einem Campingplatz weilt, kann das unschwer feststellen. Hier, im weniger vertrauten »Revier«, ist er bedeutend wachsamer. Sehr wesenssichere Hunde beobachten zwar hereinkommende Fremdpersonen, aber sie bellen nicht, während innerlich unsichere Hunde viel früher anzeigen. In ungewohnter Umgebung wird aber auch ein wesensfester Hund unsicherer und neigt dann dementsprechend früher zum Bellen.

Lautgeben auf Hörzeichen

Der einfachste und sicherste Weg, einen wesensfesten Hund früher zum Lautgeben zu bringen, als er dies von sich aus tun würde, ist das Bellen auf Hörzeichen hin. Dazu gehört einmal das Loben, sooft er irgendwann und aus irgendeinem Grund spontan bellt, indem man das Hörzeichen »Gib Laut!« in einschmeichelnder Art ertönen läßt.

Der eigentliche Lehrvorgang dagegen besteht darin, daß wir den Hund an einer bestimmten Stelle unseres täglichen Spazierganges an verlängerter Leine anbinden und uns dann wortlos entfernen. Nach ungefähr zehn Metern bleiben wir stehen, wenden uns dem Hund zu, warten eine Weile entspannt und bewegungslos. Das bringt den Hund in Spannung. Nun heben wir die Hand etwas an und sagen gleichzeitig in normalem Sprechton »Gib Laut!«. Sobald der Hund den geringsten Laut von sich gibt, sei es Winseln, sei es schon der Anfang eines Bellens, rennen wir lobend zu ihm zurück und stecken ihm einen Leckerbissen zu.

Dann gehen wir wie zuvor erneut auf Distanz und wiederholen die Übung etwa zwei- bis dreimal. Reagiert ein Hund nicht, vergrößern wir die Distanz stufenweise oder treten außer Sichtweite hinter einen Baum oder Strauch. Auch jetzt rennen wir beim leisesten Geräusch sofort lobend zurück.

Dieses Vorgehen bringt uns bei einem wesensfesten Rottweiler vielleicht schon beim erstenmal den erwünschten Erfolg. Es kann aber auch sein, daß gar keine Reaktion erfolgt. Dann wiederholen wir das Ganze einfach beim nächsten Spaziergang an der gleichen Stelle. Ist der Hund soweit, daß er angebunden auf unser Hörzeichen »Gib Laut!« (stets nur einmal geben) sicher bellt, haken wir vor dem Weggehen die Leine ab und lassen sie fallen. Der Hund bleibt nun frei stehend oder sitzend zurück. Das ist für ihn eine völlig andere Situation, weil er sich nun untergeordnet fühlt. Das Bellen fällt ihm dadurch schwerer. Wir gehen aber genau gleich vor wie bisher. Bleibt der Erfolg aus, gehen wir, ohne jeden Ärger erkennen zu lassen, auf die Stufe des Lautgebens mit dem angebundenen Hund zurück. Klappt dies immer noch, versuchen wir es erneut mit dem abgeleint zurückbleibenden Tier.

Bei der nötigen Konsequenz werden wir so die Klippe des Bellens bei abgeleintem Hund irgendwann umschifft haben. Jetzt steht uns ein Hund zur Verfügung, der auf unser erstes und einziges in ruhigem Ton gesprochene »Gib Laut« sicher bellt. Nun nehmen wir jede sich bietende Gelegenheit wahr, um den Hund in den verschiedensten Situationen auf diese Weise Laut geben zu lassen. Damit können wir ihn nun auch zum Bellen bringen, wenn immer sich eine Person unserem Haus nähert. Schließlich verknüpft der Hund das Lautgeben mit dem Erscheinen einer Person, und wir haben erreicht, was wir wollten, ohne den Hund aggressiv werden zu lassen.

Selbstverständlich werden wir nicht böse, wenn die Übung wieder einmal nicht klappt. Schimpfen würde unseren Hund nur unsicher und verkrampft werden lassen, und dadurch wird ihm das Bellen fast unmöglich. Nein, wir greifen sogleich zurück zur ersten Stufe des Lernprozesses und werden sehr schnell wieder zum erwünschten Endergebnis gelangen.

Dieses stufenweise Vorgehen ist bei jedem Ausbildungsvorgang anwendbar und nützlich. Mehr als ein warnendes Bellen beim Erscheinen fremder Personen im Garten oder vor dem Haus benötigen wir beim Rottweiler nicht. Er wirkt ja ohnehin schon imposant, und wenn eine Person unsicher reagiert, nimmt er dies wahr und ist nun in erhöhter Weise wachsam.

Das Üben des Lautgebens auf Hörzeichen bringt außerdem den Vorteil mit sich, daß es nun auch besser möglich ist, den unerwünscht bellenden Hund zum Schweigen zu bringen. Voraussetzung ist, daß wir jede Bellübung mit einem ruhig gesprochenen »Fertig!« beenden. Dasselbe Hörzeichen wenden wir dann an, wenn der Hund einmal zur Unzeit bellt. Dabei kann uns zusätzlich ein bereitgehaltener Leckerbissen helfen, den Hund in eine andere Stimmung zu versetzen, was ihm das Einstellen des Bellens erleichtert.

Spazieren bei Dunkelheit

Es ist aufschlußreich, wenn man mit dem Junghund nachts spazierengeht. Selbst im vertrauten Gelände verhält er sich anders, vor allem viel aufmerksamer. Alle optischen und akustischen Erscheinungen beeindrukken ihn jetzt deutlich stärker. Er zeigt auch Angst, und dies darf man keinem Hund übelnehmen. Angst gehört schließlich zu jedem Lebewesen. Ein Hund, der keine Angst hätte, wäre ein unterentwickeltes Geschöpf ohne jede Überlebenschance in der freien Wildbahn.

Aber der gesunde und in seinem Wesen einigermaßen ausgeglichene Hund überwindet die Angst meist aufgrund seiner Neugier. Er bleibt zum Beispiel vor einem Busch stehen, der sich hell vor dem dunklen Hintergrund abhebt und den ein Wind leicht bewegt. Sein Fell sträubt sich, er knurrt, bellt und weicht einige Schritte zur Seite.

Wir sollten ihn vorerst nur beobachten und ihn weder verärgert auslachen noch ihn drängend unterstützen oder scharfzumachen versuchen. Oft probiert der Hund in einer derartigen Situation, Witterung von dem ihn beunruhigenden Objekt zu erhalten, indem er es mit angehobener Nase umkreist. Dabei kann es schon zur Annäherung und Berührung kommen, die mit Beschnüffeln und Markieren (Urin absetzen) abgeschlossen wird. Damit ist die Sache für den Hund dann auch formgerecht »erledigt«.

Erkundet der Hund das fragwürdige Objekt nicht selbst, können wir ihm am besten helfen, wenn wir uns dicht dorthin begeben und den Hund mit beruhigenden Worten ansprechen und herbeilocken. Falsch wäre ein striktes Abrufen in barschem Ton oder gar das Herbeizerren des Hundes an der Leine.

Es gibt einfach Situationen, in denen der Hund Zeit braucht, um sich daran zu gewöhnen. Dies ganz besonders während der Reifezeit, also etwa vom sechsten bis zum zwölften Lebensmonat.

Besser als Druck auszuüben ist es, den Hund an einem andern Tag wieder in dieselbe ihn beängstigende Situation zu führen. Er wird nun normalerweise schon unerschrockener reagieren, falls wir ihn beim ersten Mal nicht zusätzlich verunsichert haben.

Eine weitere Möglichkeit, dem angesichts einer bestimmten Erscheinung Angst zeigenden Hund zu helfen, ist das Lautgebenlassen auf unser Hörzeichen »Gib Laut!« hin, das wir ihm hier ausnahmsweise wiederholt in leisem Ton geben. Dabei stehen wir neben dem Hund und blicken ihn nicht an, sondern wir fixieren gleich ihm das betreffende Objekt. Mit aufkommendem Bellen löst sich stets auch ein wenig die Verkrampfung im Hund, und bald kann dann die Neugier überwiegen, und das Objekt wird erkundet!

Begegnungen

Es ist wichtig für seine Wesensbildung und Festigung, daß wir den Hund sich selbst überlassen, sobald er mit gewissen Dingen konfrontiert wird. Dazu gehören nicht nur Erscheinungen, die ihn beunruhigen, sondern auch Begegnungen mit Personen, die ihn verunsichern (abnormer Gang, sonderbare Kleidung etc.) und nicht zuletzt die Begegnung mit anderen Hunden sowie die Auseinandersetzung mit ihnen, sei es im Spiel, sei es im Ritual des Imponierens oder in einer Rauferei. Bei alledem soll der Hund nicht beeinflußt werden von seinem Besitzer. Damit nimmt man ihm nämlich die Möglichkeit, selber zu lernen und selbständiger zu werden.

Ängstliches Verhalten des Besitzers bei jeder Begegnung mit einem anderen Hund kommt praktisch der Dressur zum aggressiven Verhalten gleich. Das können wir uns mit dem robusten und kräftigen Rottweiler schon gar nicht leisten. Deshalb hier einige Regeln über das Verhalten bei Begegnungen mit anderen, vor allem mit gleichgeschlechtlichen Hunden.

1. Begegnen wir freilaufenden Hunden, halten wir unser Tier nicht an der Leine zurück, sondern geben es frei und gehen ruhig und stetig weiter. Stehenbleiben, wenn Hunde sich begegnen, fördert deren Aggression.

2. Begegnen wir einem an der Leine geführten Hund, behalten wir unser Tier an der Leine, die jedoch locker durchhängen soll. Wirft sich unser Hund in die Leine, ziehen wir ihn kräftig an unsere Seite zurück, lassen dann aber sofort wieder locker. Bei alledem gehen wir ebenfalls stetig weiter. An gespannter Leine ist jeder Hund aggressiver.

3. Weilen wir mit anderen Hundehaltern an einer Stelle, wo wir unsere Tiere gemeinsam beobachten, und zeigt sich einer der Hunde aggressiv, indem er knurrt oder aufreitet, entfernen wir uns wortlos einige Meter und bitten die anderen Besitzer, sich in entgegengesetzter Richtung zu entfernen. Jedes laute Einreden auf die Hunde ist in diesem Augenblick falsch, allerhöchstens gibt man ruhig das Hörzeichen »Komm!«.

4. Rempeln sich zwei Rüden oder zwei Hündinnen trotzdem an, entfernen wir uns wie zuvor, ohne irgendwelche anderen Lautäußerungen als das Hörzeichen des Abrufens zu geben. Dringen wir jetzt auf die Hunde ein, schimpfen oder schlagen wir gar mit Leine oder Stöckchen nach ihnen, wird aus der Rempelei unweigerlich eine Beißerei, weil sich unsere Unsicherheit auf die Tiere überträgt, was sie fester zupacken und am Ende beißen läßt.

5. Haben sich zwei Hunde einmal verbissen und lassen nicht mehr los, hebt man den oben liegenden Hund am Halsband kräftig an. Er wird bald keine Luft mehr bekommen und den Fang öffnen. Deshalb muß der andere Besitzer bereitstehen und sein Tier sofort wegnehmen, weil es sonst den loslassenden Rivalen packt. Einem unerfahrenen Hundehalter müssen wir also die nötigen Anweisungen geben. Sind die Hunde getrennt, muß der Griff am Halsband des angehobenen Hundes sogleich wieder gelockert werden, da sonst die Gefahr des Strangulierens besteht. Daraufhin geht man am besten mit den beteiligten Hunden in verschiedenen Richtungen weiter, wobei man sie frei laufen läßt.

Werden die obenstehenden Regeln befolgt, wobei man seine Angst nicht zeigt, sondern sie unterdrückt, hat man eine sehr große Chance, daß es bei einer Rempelei bleibt, woraus sich die Rivalen selber lösen. Befolgt man sie indessen nicht, indem man hektisch und unbedacht handelt, wird aus der Rempelei zwangsläufig eine Beißerei, die böse Folgen haben kann.

Nach einer Rauferei wie auch nach hartem Spiel sollte man das Fell des Hundes nach kleinen Verletzungen absuchen. Diese werden gründlich desinfiziert (siehe auch Seite 65).

Es ist darauf zu achten, daß man sich selbst nicht mit dem eigenen am Spiel oder Kampf beteiligten Hund identifiziert und damit erregt und aggressiv wird. Damit verlieren wir die Übersicht und die Beherrschung. Es gibt Leute, die schon unglücklich sind, wenn ihr Hund unter seinen Partner zu liegen kommt, sie möchten doch einen Sieger haben.

Dabei kommt es nicht darauf an, welcher Hund oben oder unten liegt. Der im Wesen sichere und bessere Hund zeichnet sich dadurch aus, daß er nicht nervös zubeißt und sich im hundlichen Sinne korrekt benimmt, ganz gleich, ob er sich im Spiel oder Kampf oben oder unten befindet. Die Hunde selbst wechseln sich ja im Spiel periodisch im Unten- oder Obenliegen ab. Beides muß geübt werden, und dies tun sie denn auch instinktiv.

Wir dürfen uns sehr freuen über unseren Rottweiler, wenn er sich –

unter einem Rivalen liegend – so lange ruhig verhält, bis ihn dieser schließlich freigibt. Wir wissen dann, daß wir einen wesenssicheren und normal reagierenden Hund besitzen.

Leider kommt der eine oder andere Hund dahin – meist infolge anhaltend falschen Verhaltens seiner Besitzer, die bei Rempeleien schreiend oder gar schlagend eingreifen –, daß er zunehmend aggressiver und schließlich zum Beißer wird. Zeichnet sich diese Entwicklung ab, kann in der Regel nur noch der Maulkorb helfen, diese Situation zu verbessern, denn er erlaubt es den unsicher gewordenen Besitzern, ihre Angst, die sich so rasch auf den Hund überträgt, unter Kontrolle zu halten.

Damit ist der erste Schritt zur Korrektur getan, denn ihr verändertes und weniger nervöses Verhalten wirkt sich immer schon dämpfend auf den Hund aus. Wie die Erfahrung zeigt, kann später wieder vom Maulkorb abgesehen werden, sofern sich das ruhigere Verhalten der Besitzer gefestigt hat.

Der Maulkorb

Wie bei allem, was den Hund betrifft, gehen die Meinungen auch hier weit auseinander. Während die einen von einem Marterwerkzeug reden, das die Freiheit des Hundes einschränkt, halten andere den Maulkorb für ein nützliches und wirksames Mittel, um Mensch und Tier vor Hundebissen zu schützen.

Da bei uns der »Hund mit Maulkorb« eine eher seltene Erscheinung ist, weiß man nicht so recht, was man davon halten soll. Manche glauben, der Maulkorb mache den Hund erst recht bösartig, und einige sogenannte Kenner unterstützen diese Ansicht.

In einem Land, wo der Maulkorb in öffentlichen Gebäuden und Verkehrsmitteln vorgeschrieben ist – wie in Italien –, wird der Beobachter bald feststellen, daß sich die Hunde genau gleich verhalten wie bei uns, ob sie nun einen Maulkorb tragen oder nicht.

Man sieht dann auch, daß die Menschen den Hunden in beiden Fällen gleich begegnen: wer Angst vor Hunden hat, weicht ihnen aus – ganz egal, ob diese einen Korb tragen oder nicht. Bei uns wird eher dem maulkorbtragenden Hund ausgewichen, weil er eine ungewöhnliche Erscheinung ist. Man ist eben verunsichert. Und diese Unsicherheit versuchen wir nun hier abzubauen.

Wann empfiehlt er sich?

Ob ein Hund zum Schnappen oder Beißen neigt, hängt nicht nur von seiner Grundanlage und der Art ab, wie er aufgezogen wurde, sondern ist in hohem Maße auch die Folge des Verhaltens seiner Besitzer.

Wer seinem eigenen Hund nicht traut oder wer ständig fürchtet, sein Hund könnte jemanden packen, stimmt das Tier immer aggressiver, als es von Natur aus ist. Das, was man fürchtet, tritt dann eben mit der Zeit auch ein. In solchen Fällen ist die Anwendung eines Maulkorbes – zumindest vorübergehend – zu empfehlen. Sie nimmt nämlich dem Besitzer die Angst, die sich so ungünstig auf den Hund auswirkt.

Dieser Fall von überängstlichen

Ist der Hund unseres Fehlverhaltens wegen unsicher und aggressiv geworden, können wir diese unerfreuliche Entwicklung mit dem Angewöhnen an den Maulkorb stoppen. Auch unsere Angst, die den Hund zusätzlich reizt, fällt dann weg oder reduziert sich zumindest.

Hundebesitzern ist keineswegs selten. Manche Leute kaufen einen jungen Hund, ohne zu bedenken, daß er später nur erzogen werden kann, wenn man gewillt ist, gewisse Risiken einzugehen. Wer seinen Hund vor allem, »was da kommt und geht«, zurückhält oder gar an der Leine zurückzerrt, verunsichert ihn nur, ohne daß er sich merken kann, was man eigentlich von ihm will: nämlich brav und zahm zu sein wie ein Lamm …

Sicher ist ein Maulkorb auch dann zu empfehlen, wenn ein Hund in unerwünschter Weise scharf ist oder wenn bei ihm infolge falscher Behandlung das Schnappen und Beißen zur Untugend geworden ist. Durch den Korb wird ein Hund keineswegs noch schärfer – im Gegenteil. Ein zum Raufer gewordenes Tier kann mit Maulkorb versehen unangenehme Erfahrungen machen, die es künftig zurückhaltender reagieren lassen.

Ganz unbedenklich kann ein Maulkorb dann angewandt werden, wenn ein Hund dazu neigt, alles, was er findet, in den Fang zu nehmen und zu verschlucken. Die Manie, weggeworfene Gegenstände wie Papiertücher oder Plastikteile zu verschlingen, kommt vorwiegend bei jüngeren Hunden vor.

Sie wird nicht selten dadurch gefördert, daß der Besitzer aufgeregt schreiend den Hund vom Aufnehmen des betreffenden Objektes – es kann sich auch um Steine handeln – abhalten will. In Einzelfällen kann sich dieses Fehlverhalten so festsetzen, daß der Maulkorb die einzige sicher wirkende Gegenmaßnahme darstellt.

Wie gewöhnt man den Hund daran?

Die fachgerechte Gewöhnung an den Maulkorb ist in manchen Fällen schon deshalb nützlich, weil man sich gegenüber seinem Hund durchzusetzen hat. Gerade bei unerfahrenen Hundehaltern, die den Moment verpaßt haben, ihr wesensfestes Tier klar in den Familienbereich einzuordnen, kann dieser Vorgang Wunder wirken. Denn hierbei wird man zu jenem konsequenten Verhalten gezwungen, das für die Erziehung von Hunden unerläßlich ist und das doch vielen Besitzern so schwerfällt. Folgende Punkte sind bei der Angewöhnung zu beachten:

1. Es muß von Anfang an verhindert werden, daß der Hund den Maulkorb je abstreifen kann. Gelingt ihm dies, wird er es immer wieder versuchen. Man muß somit das Band, das den Korb am Hals fixiert, sehr satt schließen. Keine Angst, der Hund

wird nicht in Atemnot geraten – seine Halsmuskulatur ist äußerst robust.
2. Jetzt führt man den Hund an der Leine – am besten auf der gewohnten Spazierstrecke. Jedes Sträuben und jeder Versuch, den Korb loszuwerden, wird dadurch verhindert, daß man den Hund kräftig mitzieht und dabei im gleichen Tempo weitergeht. Sobald sich der Hund wieder auf unserer Höhe befindet, läßt man die Leine locker durchhängen. Bleibt er an unserer Seite, ist er zu loben.
3. Nach fünf Minuten wird der Vierbeiner wieder vom Maulkorb befreit und – je nach Situation – freigelassen oder aber weiterhin an der Leine geführt.
4. Nach etwa zehn Minuten wird der Korb erneut befestigt, und man verfährt nun wie zuvor – aber nicht länger als fünf Minuten. Wer mit dem Hund schon Übungen gemacht hat, kann diese nun mit dem maulkorbtragenden Hund durcharbeiten.
5. Mehr als drei Tragübungen von fünf Minuten sollte man beim ersten Versuch nicht machen – dies stets an der Leine und ohne anzuhalten. Erst am folgenden Tag schreitet man zur Wiederholung.

Sobald sich der Hund auch mit dem Maulkorb normal zu verhalten beginnt, indem er Interesse an Gerüchen, Geräuschen und optischen Erscheinungen zeigt, kann man ihn ableinen, wobei man selbst in Bewegung bleibt. Erst wenn sich der Hund im Freien an den Maulkorb gewöhnt hat, sollte man ihn bei Bedarf auch zu Hause damit versehen.

Mit diesem Vorgehen ist der Hund normalerweise in drei bis vier Tagen an den Maulkorb gewöhnt – spätestens in einer Woche. Dies unter der Voraussetzung, daß er den Korb nie abstreifen konnte.

Wie gewöhnt sich der Besitzer daran?

Viele Hundebesitzer haben eine starke Abneigung gegen den Maulkorb an sich, und an ihrem eigenen Hund können sie ihn sich schon gar nicht vorstellen, ohne geradezu Ekel zu empfinden. Das ist irgendwie zu verstehen.

Eigenartigerweise befällt jedoch gerade jene Leute eine besonders heftige Aversion, die es am wenigsten verstanden haben, auf ihren Hund erzieherisch einzuwirken und ihn damit zu einem akzeptablen Verhalten zu veranlassen. In solchen Fällen ist es nicht leicht, die Besitzer davon zu überzeugen, daß Maulkorbtragen eine sinnvolle und nützliche Maßnahme sein kann.

Im Gespräch wird dann meist deutlich, daß sich solche Leute ganz einfach schämen, mit dem maulkorbbewehrten Hund auszugehen. Sie fürchten sich vor Fragen der anderen Hundehalter. Am besten rät man ihnen, den Leuten zu sagen: der Hund nehme ohne Maulkorb alles mögliche auf, wovor man ihn bewahren möchte.

Daß man Hemmungen hat, seinen Hund mit einem Maulkorb zu versehen, ist verständlich. Wenn es aber anders nicht geht, muß man sich damit abfinden können. Schließlich hat man dann auch den Vorteil, auf die Reise in ein Land vorbereitet zu sein, wo Maulkorbpflicht besteht. So ist es in Italien – und wer möchte nicht auch einmal in Begleitung seines Hundes in den Süden fahren?

Leinenführigkeit des Junghundes

Haben wir es dem Welpen und anfangs auch dem Junghund noch erlaubt, sich nach vorn in die Leine zu stemmen, so kommt nun irgendwann der Tag, wo wir uns entschließen müssen, den Hund zum Respektieren des Leinenbereiches ohne Zerren zu bringen.

Wann es soweit ist, hängt vom Gewicht und der Kraft sowohl des Hundes als auch des Besitzers und seiner den Hund ausführenden Familienmitglieder ab. Man darf aber nicht so lange zuwarten, bis der an der Leine zerrende Hund bereits zur Gefahr für die ihn führenden Personen geworden ist. Dies ist beim kompakt gebauten Rottweiler natürlich eher der Fall als bei einer leichter gebauten Rasse.

Das Abgewöhnen des Zerrens erfordert überlegtes und nicht zimperliches Vorgehen. Wir müssen uns darüber klar sein, daß unser Einwirken so kräftig sein muß, daß es sogleich wirksam wird. Wirkt man nämlich zu schwach ein, gewöhnt sich der Hund daran, ja er empfindet es sogar als Spiel, und wir trainieren ihn dann gleichsam mit zunehmend gesteigertem Einwirken geradezu zum Zerren.

Es ist dies dasselbe wie beim Verabreichen einer Medizin. Auch hier muß die Anfangsdosis so bemessen sein, daß sich die Erreger nicht daran zu gewöhnen imstande sind und resistent werden. Damit ist das Medikament unwirksam geworden.

Der Vorgang

Erst nachdem sich der junge Hund selbst ins Halsband gedrängt und damit die Leine gestrafft hat, nehmen wir ihn kräftig zurück und lassen die Leine sofort wieder locker durchhängen. So lernt der Hund, daß sein sich ins Halsband Stemmen die rabiate Rückbeförderung auslöst. Aber auch, daß er, auf der Höhe der Bezugsperson angelangt, gleich wieder frei ist von diesem unangenehmen Druck.

Jede lautliche Äußerung unsererseits (wie »Pfui«) erübrigt sich, ebenso jedes lobende Hörzeichen. Beides lenkt ihn nur vom Lernprozeß ab, der rasch erfolgt, wenn wir stumm bleiben und mit unverändertem Schritttempo weitergehen (nicht stehenbleiben!). So bringt er nämlich die unangenehme Einwirkung nicht mit unserer Person in Verbindung, sondern er verknüpft sie mit seiner eigenen Handlung, dem sich Hineinstemmen ins Halsband, die er dann sehr bald unterläßt. Loben sollten wir den Hund frühestens nach zehn weiteren Schritten, sofern er sich noch immer an durchhängender Leine auf unserer Höhe bewegt. Dafür fühlt er sich dann auch gelobt.

Diese Methode darf nicht übertrieben werden. Mehr als zwei- bis dreimal pro Spaziergang sollte der Hund nicht rabiat zurückbefördert werden. Besonders harte Hunde gewöhnen sich dadurch an jene Einwirkung und beginnen sie und das Zerren ganz einfach als dazugehörig zu empfinden.

Diese nur wenige Male pro Spaziergang erfolgende Korrektur, wonach man den Hund vorläufig wieder ziehen und zerren läßt, wirkt sich in etwa zwei Monaten dennoch heilsam aus. Denn der Hund ahnt nicht, wann sie jeweils erfolgt, er bleibt immer davon überrascht, und das verleidet ihm allmählich das Ziehen.

Gehen und Wenden als Korrektur

Nun gibt es Hunde, die infolge unsachgemäßer Korrektur seitens ihrer Halter bereits zu notorischen Zerrern geworden sind. Ihre Halspartie ist schon so abgehärtet, daß sie praktisch unempfindlich wurde. Sie sind nun nicht mehr in der Lage, aus dem Zurückgeschleudertwerden zu lernen. Wir gehen deshalb ganz anders vor, wobei sich diese Methode beim Junghund ohnehin als erste Maßnahme empfiehlt.

Wir kennen diese Art des Einwirkens bereits vom Gehen und Wenden vor dem Ausführen der Bleibübung (siehe Seite 41). Wir gehen also sehr geradlinig über eine Strecke hin und her, die zwischen 15 und 20 m zu variieren ist. Dabei führen wir die Wendungen rechtsumkehrt auf einem Punkt aus. Die Leine wird am äußersten Ende mit der rechten Hand gehalten, der Hund bewegt sich an unserer linken Seite. Wir tun nun so, als wäre der Hund gar nicht vorhanden, denken uns innerlich weg von ihm und bewegen uns in flottem Schritt rein gymnastisch. Es wird nichts gesagt, und wir wenden uns dem Hund in keiner Weise zu.

Bei den Wendungen legt sich die Leine vor unseren Leib, und mit unserem ganzen Gewicht wird der Hund ganz einfach mitgenommen. Dies und unser stummes, gradliniges Marschieren sprechen nun das ausgeprägte Raumgefühl des Hundes an. Er wird aufmerksam auf die »Maschine Mensch«, die sich neben ihm auf ihren zwei Beinen rein technisch fortbewegt und ebenso wendet. Früher oder später nimmt so jeder Hund auf einmal Kontakt zu uns auf, indem er den Kopf im Gehen zu uns hinwendet. Jetzt können wir mit unserer linken Hand, die bis jetzt ja keine Aufgabe hatte, ihn kurz leicht wegschiebend berühren. Für dieses gezielte Lob ist der Hund sehr empfänglich. Der Vorgang beginnt ihm zu gefallen. Das Mitgehen wird ihm zum Bedürfnis.

Mit dem hundesportlichen »Bei Fuß Gehen« hat dies nichts zu tun, da wir keine Hörzeichen verwenden und nichts weiter verlangen, als daß sich der Hund im Bereich der durchhängenden Leine neben uns bewegt. (Siehe auch »Hinweise« auf Seite 45.)

Die Korrektur mit dem »Halti«

Immer noch wird hier und dort zur Korrektur des Zerrens das Stachelhalsband empfohlen und angewandt. Dieses brutale Hilfsmittel erübrigt sich heute.

Ein Tierarzt aus England hat die Idee gehabt, das Pferdehalfter auf den Hund zu übertragen. Damit hat er wohl das weitaus nützlichste Hilfsmittel zur Führung und Erziehung des Hundes »erfunden«. Als ich es erstmals 1987 kennenlernte und ausprobierte, berichtete ich begeistert in verschiedenen Fachzeitschriften darüber. Daraufhin hat mir der Vorstand des Deutschen Tierschutzbundes – ein renommierter Verein mit mehreren hunderttausend Mitgliedern – Unterlagen zugestellt, die sich sehr

Bei der Kraft unseres Rottweilers kommt es immer wieder dazu, daß er infolge unserer Unachtsamkeit zum »Zerrer« wird. Das beste Hilfsmittel dagegen ist das Hundehalfter »Halti«. Doch aufgepaßt: Ein Karabiner der Leine bleibt am Halsband, nur der andere wird am Halfter eingehakt. So können wir alternierend einwirken.

nachteilig über die Anwendung des »Halti« ausließen und dessen Empfehlung ablehnten. Doch schienen die dabei angeführten Begründungen mehr auf Vorurteilen und Gefühlen zu beruhen als auf echten Erfahrungen.

Dennoch hat diese negative Stellungnahme zum Teil dazu beigetragen, daß heute noch in Deutschland das Stachelhalsband so oft und nicht selten auch in Erziehungskursen angetroffen wird.

Dabei stellt das »Halti« von dem amerikanischen Tierarzt Dr. Mugford nicht nur einen vollgültigen Ersatz für das Stachelhalsband dar, sondern es übertrifft es in seiner Wirkung. Außerdem ist es humaner in der Anwendung.

Ich habe mich aufgrund der gemachten Erfahrungen seinerzeit zum Slogan verstiegen: »Stachelhalsband ade – Halti ahoi!« Grund dafür war eine große Erleichterung, hatten wir Ausbilder doch bisher alle mit gemischten Gefühlen das Stachelhalsband dann als letzte Korrekturmöglichkeit empfohlen, wenn es anders nicht gelungen war, einen Hund vom unbändigen Zerren abzubringen. Denn ein kräftiger Hund, der zum notorischen Leinenzerrer geworden ist, vermag seine Besitzer unter Umständen ernstlich zu gefährden.

Aber dieser Lösungsversuch befriedigte bei weitem nicht immer. Denn ein Hund gewöhnt sich meist rasch an das Stachelhalsband. Außerdem kann der Hund sich nach wie vor geradlinig ins Halsband stemmen, so daß er mit voller Kraft zu zerren vermag.

Kommt ein Außenreiz dazu – etwa ein Hund, auf den er sich stürzen möchte, oder gar eine Katze, die ihn übermächtig zum Verfolgen anregt –, wird sich selbst ein glatthaariger Rüde kaum mehr um die schmerzende Einwirkung kümmern. Im Gegenteil, diese kann seine Zerrwut noch erhöhen.

Ganz anders wirkt sich dagegen das Hundehalfter aus. Da der Kopf des Hundes dadurch abgelenkt wird, ergeben sich folgende Vorteile:

Erstens gerät das Tier vorübergehend aus dem Gleichgewicht, und danach kann es sich nicht mehr in Längsrichtung ins Halsband drängen, sondern muß dies seitlich tun. Damit ist ihm ein großer Teil der Kraft genommen, und es läßt sich vom Besitzer mit deutlich weniger Mühe zurückhalten.

Zweitens verhindert das Ablenken des Kopfes, daß sich unser Vierbeiner weiterhin auf das ihn erregende Reizobjekt zu richten vermag, was seine Aggression deutlich dämpft.

Wie gewöhnt man den Hund an das Hundehalfter?

Mißerfolge mit dem »Halti« waren stets nur dann zu verzeichnen, wenn die Gewöhnung nicht fachgerecht durchgeführt wurde. Daher einige Merkpunkte zu diesem Vorgang:

1. Man bringt den angeleinten Hund in einer Mauer- oder Zimmerecke in Sitzstellung. Dann stellt man sich von hinten über ihn und streift ihm das Halfter über den Kopf. Sogleich wird das Halteband am Hals geschlossen und festgezogen, und zwar so satt, daß es nicht abgestreift werden kann. Keine Angst, der Hund gerät nicht in Atemnot, seine robuste Halsmuskulatur verhindert das. Man sieht nun, ob die richtige Größe gewählt worden ist. Das Nasenband soll die Augen nicht berühren, aber auch nicht zu weit vorn zu liegen kommen (die im Prospekt für die einzelnen Rassen angegebenen Nummern haben sich mehrheitlich als zu groß erwiesen. Besser, man wählt eine Nummer kleiner).
2. Nun löst man den einen Karabiner der Leine und hakt ihn am Ring des »Halti« ein, während der andere Karabiner am Halsband verbleibt. Sogleich marschiert man jetzt mit dem Hund zügig los, wobei man ihn vorerst am Halsband führt. Sobald er aber mit dem Kopf nach unten geht, um das Halfter am Boden und/oder mit der Pfote abzustreifen, nimmt man ihn am andern Leinenteil hoch, der mit dem »Halti« verbunden ist. Derart alternierend einwirkend – bald übers Halsband, bald übers Halfter –, geht man schnellen Schrittes einige Male hin und her. Dann bringt man den Hund anhaltend zum Sitzen und

befreit ihn wieder vom Halfter. Jetzt wird der Hund beruhigend gelobt. Damit ist die allererste Angewöhnungsübung beendet.

3. Die weiteren Gewöhnungsversuche werden draußen beim Spazieren gemacht. Es gibt Hunde, die sich das »Halti« hier ohne große Gegenwehr anlegen lassen. Andere sträuben sich immer noch heftig dagegen. Man muß sie nochmals in einer Ecke zum Sitzen bringen, um das Anziehen rasch und sicher vornehmen zu können. Danach wird aber zügig mit ihnen etwa fünf Minuten marschiert. Dabei wirkt man erneut alternierend auf Halsband und Halfter ein, je nach den Reaktionen des Hundes. Drängt er sich nach vorn, wird er mit dem »Halti« zurückgehalten, hängt er zurück, wird er mit dem Halsband zum flotten Weitergehen gebracht. Gesprochen wird dabei am besten gar nicht. Nach Ablauf der fünf Minuten hält man, wie oben erklärt, an und befreit den Hund vom Halfter. Nach jeweils zehn Minuten Freilaufen wird die Übung in gleicher Weise wiederholt, doch höchstens noch zweimal. Erst am folgenden Tag setzt man diese Angewöhnungsübungen fort.

4. Wenn wir konsequent vorgehen, gewöhnen sich alle Hunde auf diese Weise überraschend schnell an dieses Hilfsmittel. Das ist dann erreicht, wenn der Hund es weder im Gehen noch im Stehen abzustreifen versucht. Zum Freilaufen wird das Halfter abgenommen. Das »Halti« ist in allen Fachgeschäften erhältlich.

Ein besonderer Vorteil

In den vergangenen Jahren bot sich mir Gelegenheit, manche der jährlich an die 400 Hunde in den Orientierungskursen für Hundehalter des Zürcher Hunde-Zentrums ZHZ mit dem sogenannten »Halti« zu versehen.

Machten die Besitzer ernsthaft und entschlossen mit, ist der Erfolg nie ausgeblieben. Dabei haben wir gemeinsam erlebt, daß dieses Hilfsmittel dem Verhalten des Hundes in hohem Maße entspricht.

Das war besonders bei jenen Tieren zu erkennen, die gegenüber begegnenden Hunden an der Leine zerrend zu kläffen begannen. Es war oft verblüffend, wie rasch sie sich beruhigten, wenn ihr Kopf mit dem »Halti« vom vermeintlichen »Gegner« abgewandt wurde, so daß dieser aus ihrem Blickfeld geriet.

Dieses Abwenden des Kopfes und Präsentieren der Nackenpartie ist ja das typische Verhalten eines dominanten Rüden, wenn er sich – frei neben einem anderen Rüden in Imponierhaltung stehend – von jenem Hund abwendet und sich von ihm löst.

Solche Beobachtungen führten uns zur Vermutung, daß derselbe Beruhigungseffekt, den der freistehende Hund spontan entwickelt, beim angeleinten Hund, dessen Kopf vom »Gegner« durch das »Halti« abgelenkt wird, sich ebenfalls einstellt.

Jedenfalls ist es uns gelungen, manchen notorischen Ankläffer von seiner Untugend unter Einsatz des Halfters zu »heilen«.

Natürlich muß dabei von den Besitzern beachtet werden, daß ein Hund, der sich so gezwungenermaßen vom »Gegner« abgewendet und sein Kläffen eingestellt hat, im richtigen Moment auch von der

Zwangsmaßnahme zu entlasten und zu loben ist. Das setzt allerdings voraus, daß man dazu nie stehenbleibt, sondern mit seinem Vierbeiner weitergeht.

Wir haben nun hier drei Möglichkeiten gezeigt, wie Zerren abgewöhnt werden kann. Eine dieser Methoden wird auch beim kräftig gebauten und temperamentvollen Rottweiler dazu führen, daß er den Leinenbereich respektiert und nicht mehr zerrt.

Das Nicht-Zerren ist für die Praxis der Hundehaltung viel wichtiger als das korrekte Bei-Fuß-Gehen, wie es der Sporthund auf dem Übungsplatz ausführt.

Mit Bei-Fuß-Gehen kann man nämlich einen Hund nicht zum Einkaufen oder ähnlichen Unternehmungen mitnehmen, weil man dabei diese Übung nicht ständig überwachen kann, sich der Hund so immer mehr Freiheiten nimmt und die sportliche Übung darunter Schaden leidet.

Wohl aber erlaubt uns das klare Respektieren des Leinenbereichs, jeden Hund überallhin mitzunehmen, ja wir können ihn auch ohne weiteres neben dem Kinderwagen an der Leine führen.

Im übrigen ist das sportliche Bei-Fuß-Gehen eine schwierige, gar nicht selbstverständliche Übung, welche Mensch und Hund überfordert, wenn sie dazu nicht fachgerecht angeleitet werden.

Die Verträglichkeit gegenüber Kindern ist bei jedem Hund dann vorhanden, wenn er in seinen ersten Lebenswochen (Prägungsphase reicht etwa bis zur 12. Lebenswoche) mit Kindern in Berührung kam.

KAPITEL

9

Die sportliche Ausbildung des Rottweilers

Schutzhundeausbildung ist eine sportliche Übung. Ohne das Vertrauen des Hundes sowohl zu seiner Besitzerin wie auch zum Schutzhelfer sollte sie mit einem Rottweiler niemals gemacht werden.

Je mehr wir mit unserem Hund unternehmen, desto enger und vertrauter gestaltet sich unser Verhältnis zu ihm. Das bedeutet auch, daß wir ihn besser beeinflussen lernen, und dadurch sind wir auch in der Lage, dem Hund eventuelle Untugenden abzugewöhnen.

Die beste Gelegenheit zu einem systematischeren Zusammenwirken mit dem Hund bietet der Hundesport. Allerdings erfordert Hundesport auch Zeit, und nicht jedermann, der einen Rottweiler anschafft, verfügt darüber. Wendet man sich jedoch bei den üblichen Spaziergängen aufmerksam seinem Hund zu und unternimmt man hier immer wieder etwas, wie dies im vorliegendem Buch bereits angeregt und beschrieben worden ist, dann genügt auch das, um den nötigen Einfluß zu gewinnen. Es wird uns so möglich sein, unseren Rottweiler unter Kontrolle zu halten.

Sind die bisher beschriebenen Übungen mit der nötigen Exaktheit und Ausdauer geübt worden, haben wir einen Hund, der an der Leine geht, ohne zu zerren, der sich sicher abrufen läßt und der zum Sitzen und Bleiben gebracht werden kann. Außerdem ist er derart in den Familienbereich integriert worden, daß er sich hier wie ein wohlerzogener Hund benimmt.

Werden nun die erwähnten Übungen mit einer gewissen Regelmäßigkeit wiederholt, wird unser Einfluß nicht verblassen, und der Hund wird sich nicht in unerwünschter Weise verselbständigen. Das bedeutet, daß es zu einer verantwortbaren Haltung des Hundes eigentlich keine weiteren Anstrengungen braucht, als wir sie bei den üblichen Spaziergängen ohnehin aufwenden.

Hundesportliche Betätigung ist somit nicht unerläßlich, aber doch mehr als ein Zeitvertreib und insofern empfehlenswert. Vorausgesetzt freilich, daß dieser Hundesport in vernünftiger Weise betrieben wird.

Wie gelangt man zum Hundesport?

Hundesport wird in einem Verein oder in einer frei organisierten Gruppe betrieben. Wir müssen also Kontakt zu einer solchen Institution suchen, wozu uns die im Anhang befindlichen Adressen behilflich sind. Hier können wir erfahren, ob in unserer Nähe eine Ortsgruppe des Allgemeinen Deutschen Rottweiler-Klubs oder einer anderen Landesorganisation besteht. Man wird dort auch erfahren können, wo sich eine für alle Rassen offene Hundesport-Gruppe befindet. Es gibt auch Gruppen der Schäferhund-Vereine, die sich der Ausbildung von Hunden anderer Gebrauchshunderassen annehmen. In der Schweiz gibt es überdies über 150 Sektionen der Kynologischen Gesellschaft, wo alle Rassetypen willkommen sind.

Sind wir mit einem Hundeklub in Verbindung getreten, werden wir dessen Übungen besuchen, die unter kundiger Leitung durchgeführt werden. Dabei können verschiedene Sparten des Hundesports gewählt werden. In der Regel beginnt man mit dem Rottweiler im Fach Schutzhund zu arbeiten.

Schutzhunde-Ausbildung

Die Arbeiten des Schutzhundes gemäß den Prüfungsordnungen von Deutschland, Österreich und der Schweiz sind Unterordnung, Fährtenarbeit und Schutzdienst.

Zur **Unterordnung** gehören die Leinenführigkeit und das Gehen bei Fuß ohne Leine mit Wendungen nach rechts, links und in Gegenrichtung, wobei das Sitzen, Hinlegen, Bleiben, Vorangehen sowie das Lautgeben und das freie Stehenbleiben geübt werden. Hinzu kommt das Apportieren eines Gegenstandes. Außerdem wird das Überwinden einer Hürde im Freisprung und das Überklettern der Schrägwand verlangt.

Bei den Unterordnungsübungen geht es nicht darum, den Hund herumzukommandieren, sondern sich mit ihm so zu verständigen, daß er merkt, was wir von ihm wünschen. Dann tut er nämlich auch, was wir von ihm erwarten.

In der **Fährtenarbeit** hat der Hund die Spur einer Person im Gelände zu verfolgen und dabei ausgelegte Gegenstände anzuzeigen oder herbeizubringen. Die schweizerische Prüfungsordnung ergänzt diese Nasenarbeit mit der Suche nach Gegenständen in einem abgegrenzten Geländeviereck.

Die Fährtenarbeit ist jener Teil der Schutzhundeausbildung, der der Natur des Hundes am meisten entspricht, erlebt er doch seine Umwelt in erster Linie durch sein Riechorgan. Hier kann man ohne Bedenken arbeiten, Fehler wirken sich höchstens erfolgsvermindernd aus.

Der Einsatz seiner Nase zum Verfolgen einer Fährte hat übrigens eine positive Nebenwirkung, die wenig bekannt ist: sie fördert den Hund in seiner Wesenssicherheit. Man kann tatsächlich unsichere Tiere durch Spurenarbeit in ihrem Verhalten festigen. Es scheint mit der Nasenarbeit ein gewisser Reifungsprozeß einherzugehen. Hinzu kommt, daß die Fährtenarbeit für die Hundeführer eine höchst spannende und erfreulich naturnahe Übung darstellt.

Der **Schutzdienst** sieht das Revieren nach einer Person im Schutzanzug vor, die gefaßt bzw. gestellt und verbellt wird. Danach ist sie abzuführen, wobei ein Fluchtversuch durch Angreifen und Packen zu vereiteln ist. Auch in Abwesenheit des Führers oder der Führerin hat der Hund die Person an einem Fluchtversuch zu hindern.

Für alle diese Vorgänge gibt es Lehrbücher und Prüfungsordnungen, die im Buchhandel oder bei den Vereinen bezogen werden können (siehe Literaturverzeichnis im Anhang).

Es würde den Rahmen dieses Buches sprengen, hier auf die Details der Sporthunde-Ausbildung näher einzugehen. Hingegen scheint es angebracht, einige grundsätzliche Bemerkungen über die Handhabung des Schutzdienstes zu machen, die den Rottweiler und seine Führerin bzw. seinen Führer besonders betreffen.

Auch fügen wir einen Abschnitt über das sogenannte Transport-Training an, womit der junge Rottweiler für den Schutzdienst vorbereitet und der erwachsene Rottweiler bei Bedarf korrigiert und diszipliniert werden kann.

Nicht Schärfe, sondern Sicherheit

Ein gut, d. h. in einem belebten Umfeld mit vielen Kontaktmöglichkeiten aufgezogener und normaler Rottweiler entfaltet ganz von selbst ein ausgeprägtes Schutzverhalten in bezug auf seine Besitzer und deren Wohnbereich. Allerdings tut er dies erst ab einem gewissen Alter, da er nicht zu den frühreifen Rassetypen gehört.

Er ist bekanntlich gutartig und verträglich. Doch wenn er sich stark erregt, handelt er unerhört intensiv und hat Mühe, sich wieder zu beruhigen. Es ist dann, als ob seine ursprüngliche Wildheit geweckt worden und durchgebrochen wäre und die ganze angelernte Folgsamkeit überdecken würde. Seine Angriffswucht erreicht dann ein sehr hohes Maß. (Dies gilt übrigens auch für andere doggenartige Rassen wie etwa den Boxer und den Riesenschnauzer).

Deshalb muß der Aufbau des

Rottweilers im Schutzdienst besonders sorgfältig und seinem Wesen angepaßt erfolgen. Gehen wir bei der Ausbildung in unserem Begehren, einen »tollen Verteidiger« heranzubilden, zu weit, können wir in Schwierigkeiten geraten. Nicht immer lassen sich nämlich dann die anfallartigen aggressiven Ausbrüche wieder unter Kontrolle bringen.

Am sichersten lassen sich solche Übertreibungen ausschließen, wenn wir den Schutzdienst als ein für den Hund höchst spannendes Kampfspiel auffassen, und nicht als einen Lehrgang, um unsere Person »bis in den Tod« zu verteidigen, wie es so geschmacklos und dumm in so manchem Hundebuch, Rasse-Standard und Artikel geschrieben steht.

Um sich ein Bild davon zu machen, ob sich ein Übungsleiter und/oder ein Schutzhelfer (Pikör) für die Ausbildung unseres Rottweilers eignen, achten wir darauf, aus welcher Einstellung zum Hund und zu dieser Arbeit heraus die beiden vorgehen. Sobald sie die Tendenz erkennen lassen, den Hund mißtrauisch zu machen und ihn dadurch zu einer Scheinschärfe zu veranlassen, die beim Rottweiler gefährlich ist, sollten wir eingreifen und diese Art von Ausbildung abbrechen.

Vergessen wir nie, daß unser Rottweiler für einen Ernstfall alles mitbringt und uns auch mit großer Selbstverständlichkeit verteidigen würde, sollte es die Not einmal erfordern. Dieses Vertrauen sollten wir aufbringen. Dann steht der Ausbildung mit Schlagsack, Beißwulst und am geschützten Mann nichts entgegen. Und wir werden viel Freude am sportlichen Schutzdienst mit unserem Hund erleben und erfahren, daß seine Verträglichkeit zu Mensch und Tier dadurch nicht abnimmt.

Start zum sogenannten Rückentransport

Das Transporttraining

Der Schutzdienst ist im Grunde die hohe Schule dessen, was wir Unterordnung nennen. Die Arbeiten (Grundübungen), welche wir im Kapitel »Grunderziehung« (siehe S. 38) beschrieben haben, müssen selbst bei starker Ablenkung durchführbar bleiben. Und diese Ablenkung erfolgt beim Schutzdienst in hohem Maße. Es kann deshalb nicht eindringlich genug empfohlen werden, den Hund erst dann in den Schutzdienst einzuführen, wenn jene Übungen sitzen.

Zudem sollte auch beim Schutzdienst stets dann auf die Grundübungen zurückgegangen werden,

Aufbau des Transportes beim Schutzdienst. Diese Übung wird zuerst an der Leine gemacht, dann erst wie hier mit dem freilaufenden Hund. In ruhigem Ton meldet der/die Hundeführer(in) (HF) dem Schutzhelfer: »Ich bin bereit.« Der Helfer variiert die Pause bis zu seinem fulminanten Start bis maximal etwa 6 Sekunden.

Dann setzt er sich mit ausgeprägter und rascher Bewegung des geschützten Armes in Bewegung. In diesem Augenblick ruft der/die HF im Kommandoton laut »Fuß!« und folgt nach. Dieses laut ausgesprochene Hörzeichen verknüpft sich beim Hund mit dem Angehen des Helfers, was bewirkt, daß er später sicher bei Fuß bleibt, auch wenn das »Fuß« nicht mehr ertönt.

Rasches und exaktes Gehen wird geübt. Es wird zuerst angehalten, ohne einen Winkel gemacht zu haben. Danach werden Winkel nach rechts und links eingelegt. Hiermit endet die Transportübung für den Junghund. Erst wenn er (in einem anderen Bereich des Übungsplatzes) mit dem Packen und Festhalten des Schutzärmels am Mann vertraut und sicher ist, geht es weiter gemäß den folgenden 4 Abbildungen.

Bei jedem Anhalten (schon mit dem Junghund) bleibt der Schutzhelfer jeweils abrupt stehen. Sogleich ruft der/die Führerin laut »Sitz!« Im Hund verknüpft sich dieses Hörzeichen mit dem Stillstehen des Schutzhelfers. Er wird auch später, wenn das Hörzeichen nicht ertönt, beim Anhalten des Schutzhelfers sicher beim HF verharren und sich setzen.

wenn der Hund dabei Unsicherheiten in der Unterordnung zeigt. Dazu eignet sich aber vor allem das Transporttraining. Da hierbei Führer und Hund den links daneben oder drei Meter vor ihnen gehenden Mann im Schutzanzug begleiten, entspricht dies dem Gehen mit angeleintem oder freifolgendem Hund unter Ablenkung.

Freilich sollte man dieses Transporttraining vorerst an der Leine aufbauen. So kann es schon mit dem sehr jungen Hund begonnen werden, wobei der Angriff des Pikörs noch weggelassen wird. Dieser erfolgt erst, wenn der Junghund bei den Beißübungen (die mit Vorteil an einer andern Ecke des Übungsplatzes vorgenommen werden) Sicherheit erreicht hat.

Gerade für den Rottweiler ist diese Vorübung wichtig. Denn wie schon erwähnt, liegt bei ihm in der Regel die Reizschwelle hoch. Das heißt, er erregt sich beim Angriff nicht sehr

Nachdem das Anmarschieren und Anhalten unter ständig sich verändernden Zeitspannen zwischen der Bereitschaftsmeldung und dem Anmarschieren sowie unterschiedlich andauerndem Marschieren bis zum Anhalten durchgeführt worden ist, löst sich der Helfer aus seiner Endstellung und bewegt sich mit ruhigen Schritten vor Hund und HF hin und her (später kann er auch um die beiden herumgehen). Der/die HF bleibt ruhig stillstehen. Bewegt sich der Hund in Richtung Helfer, wird er massiv korrigiert und in Sitzstellung gebracht.

Unversehens greift der Helfer an, der Hund packt zu. Der/die HF verbleibt am Standort. Der Helfer »kämpft« mit dem Hund, der den Ärmel nicht ausläßt.

rasch. Überschreitet jedoch seine Erregung die Reizschwelle, wird er schlagartig unerhört intensiv im Zupacken und ist nur noch schwer zum Auslassen zu bringen.

Doch Rottweiler, die mit dem Transporttraining ausgebildet worden sind, lassen sich normalerweise gut zum Auslassen bringen. Immer vorausgesetzt, daß der Hund beim Beißtraining und Transporttraining fachgerecht aufgebaut wurde, indem ihm die nötige Zeit gelassen wird, sich in die Vorgänge einzufühlen und dabei sicher zu bleiben.

Was kein Hund verträgt – und der Rottweiler schon gar nicht –, sind Einwirkungen, womit Dilettanten über das Erwecken von Mißtrauen ein aggressives Zupacken verfrüht herbeiführen wollen.

Wir beginnen mit dem drei Meter vor uns stehenden, uns den Rücken zuwendenden Helfer im Schutzanzug; der Hund sitzt bei Fuß. Dem Pikör melden wir unsere Bereitschaft, indem wir in ruhigem Ton »Transport« sagen. Er marschiert nun nach einer von ihm zu variierenden Wartezeit flott los. Im Augenblick seiner ersten Bewegung lassen wir ein scharfes »Fuß« ertönen und marschieren nun, den Hund bei Fuß, hinterher. So verknüpft sich mit der Zeit die Bewegung des anmarschierenden Pikörs mit dem Hörzeichen »Fuß«. Das hat zur Folge, daß der Hund in dieser Situation stets Hemmungen haben wird, den Pikör wie bei einem Fluchtversuch zu verfolgen.

Der Pikör hält nun nach verschiedenen Intervallen an, und wir benüt-

Der Helfer steht still, der Hund läßt aus. Der/die HF hat laut das Hörzeichen »Aus!« gegeben, wartet etwa zwei Sekunden und holt den Hund ab.

Danach werden ein Rückentransport und – nach dem Anhalten – ein Seitentransport angeschlossen.

zen den Moment, um laut »Sitz« zu sagen. Derart verknüpft sich auf die Dauer das Anhalten des Pikörs mit dieser Bewegung. Falls es eine spätere Arbeit am Mann erfordert, können wir auch »Platz« rufen.

Geht nun der Hund sicher und korrekt, lassen wir auf die Transportübung als Belohnung einen Angriff des Pikörs auf den Hundeführer folgen. Wir wählen dazu eine einfache Form, die es zudem erlaubt, den Hund, wenn nötig, an der Leine zu halten und bei nicht sehr kampffreudigen Hunden unversehens zur Beißübung überzugehen, mit der wir das Tier erneut stimulieren.

Die aufbauende Angriffsarbeit erfordert nicht nur vom Hundeführer, sondern vor allem auch vom Pikör viel Einfühlungsvermögen. Er ist es, der sich mit dem Hund direkt auseinanderzusetzen hat, während sich der Hundeführer nach Möglichkeit zurückhält und die Arbeit des Pikörs aufmerksam beobachtet, wie dies in den Abbildungen klar zum Ausdruck kommt.

Ein guter Pikör vermag die Anlage eines Hundes zu erfassen und spürt genau, wo er etwas derber und wo er weniger derb vorzugehen hat. Er bewahrt uns damit vor einer sich nachteilig auswirkenden Überforderung des Hundes und versteht es, diesem volles Vertrauen, Freude an der Aufgabe und endlich auch die notwendige Sicherheit bei der Arbeit am Mann zu vermitteln.

Bei dem erwähnten einfachen Angriff stehen wir also ganz still, während der Hund bei Fuß sitzt. Der Pikör geht ruhigen Schrittes in unserer Nähe hin und her, umkreist uns auch ein- oder zweimal. Diese Bewegungen sind stets wieder zu ändern, damit sich der Hund nicht an einen Moment des Angriffs gewöhnt und plötzlich zu früh angreift.

Zum Angriff kommt nun der Pikör – was er zuvor schon verschiedene Male getan hat – auf uns zu, als wolle er an unserer rechten Seite (der Hund sitzt links) vorbeigehen. Kurz bevor er unsere Höhe erreicht, hebt er den schlagenden Arm zum Angriff. Der Hund hat nun unverzüglich anzugreifen, zu packen und festzuhalten, ohne daß wir ein Zeichen geben. Nach kurzem Scheinkampf steht der Pikör mit dem Hörzeichen »Weg« oder »Platz« still. Später wird dieses Zeichen weggelassen.

Bei der zweiten Transportübung gehen Führer und Pikör nebeneinander, nur getrennt von dem in der Mitte marschierenden Hund, der den bei der Gehbewegung normal

Der Helfer legt den Ärmel ab und nimmt taktilen Kontakt mit dem Hund auf, der sich dabei frei bewegen darf. Hunde, die für den Transport des Schutzhelfers auf diese exakte und ruhige Art trainiert werden, leisten am Ende beim Auslassen in der Regel keinen Widerstand. Damit fallen jene leider allzuoft praktizierten brutalen Zwangsmethoden weg.

schwingenden Arm mit dem Schutzärmel selbstverständlich nicht packen darf.

Es empfiehlt sich, die Transportübungen, verbunden mit der einfachen Angriffsübung, intensiv zu trainieren, bedeuten sie doch eine sehr gute Vorbereitung. Der Wechsel zwischen korrektem Gehen an der Seite des Meisters, dem Angreifen mit Packen, Festhalten und Verharren und dem Ausgeben setzt sich im Hund in einer Situation fest, da er vom Führer gut zu kontrollieren und, solange nötig, auch an der Leine zu führen ist. Wer hier Sicherheit erreicht, wird bei den Übungen auf Distanz bedeutend weniger Schwierigkeiten haben.

Zudem machen Hunde, die auf diese Weise trainiert worden sind, erfahrungsgemäß kaum je Schwierigkeiten beim Auslassen des stillstehenden Schutzhelfers. Damit erübrigt sich jedes brutale Einwirken, um den Hund zum Auslassen zu bringen.

Weitere Ausbildungsmöglichkeiten

Die Schutzhunde-Ausbildung ist – vernünftig und fachgerecht durchgeführt – die allerbeste Grundlage für alle weiteren Ausbildungssparten. Besonders dort, wo eine praktische Anwendung des Gelernten angestrebt wird, wie etwa beim Suchhund, beim Lawinenhund und beim Rettungshund (Katastrophenhund), ist sie unerläßlich.

Nun zu den anderen sportlichen Prüfungsklassen des Verbandes für das Deutsche Hundewesen (VDH).

Bei der **Ausdauerprüfung** bewegt sich der Hund über eine Strecke von 20 km neben dem ihn auf dem Fahrrad begleitenden Führer. Dies geschieht mit Pausen und unter tierärztlicher Kontrolle. Für kompakt gebaute Hunde, wie es der Rottweiler ist, erfordert das ein gut aufgebautes Konditionstraining, dann sind auch sie der gestellten Aufgabe durchaus gewachsen.

Die **Rettungshund-Tauglichkeitsprüfung** setzt sich aus einer auf 10 km Distanz verkürzten Ausdauerprüfung, einer Unterordnungsübung mit eingebauten Hindernissen und dem Stöbern nach leicht überdeckten Kleidungsstücken zusammen. Diese Kleidungsstücke werden mit Verharren, Scharren und Bellen angezeigt. Für einen zum Schutzhund ausgebildeten Rottweiler wird es bei dieser Prüfung kaum Probleme geben.

Die **Prüfung zum »Verkehrssicheren Begleithund«** verlangt eine Unterordnungsleistung, die zuerst auf freiem Platz, dann im Verkehr durchgeführt wird. Es folgt die Beurteilung des Verhaltens des Hundes im Straßenverkehr; beides kein Problem für einen fördernd aufgezogenen Rottweiler.

Nun die weiteren sportlichen Prüfungsklassen der Schweizerischen Kynologischen Gesellschaft (SKG).

Sanitätshunde haben nach einer Unterordnungsprüfung ein Waldrevier von 120 m Basis und – je nach Ausbildungsstufe – von 200 m, 300 m oder 400 m Tiefe nach drei Personen und einem Gegenstand abzusuchen. Der Führer hat auf der Mittellinie vorwärts zu schreiten, während der Hund nach links und rechts zur Reviergrenze hinauseilt. Die Anzeige erfolgt im Bringsel-Verfahren. Das ist ein kleines Lederstück, welches am Halsband befestigt ist und das der Hund in den Fang nimmt, sobald er gefunden hat, und es zum Führer trägt.

Die **Suchhundeprüfung** erfordert das Absuchen von drei verschieden großen Revieren nach Gegenständen diverser Größe und/oder Personen, wobei das letzte Revier in etwa dem Sanitätshunderevier der Stufe III entspricht. Die Anzeige erfolgt durch Verbellen oder im Bringsel-Verfahren.

Sowohl die Sanitätshunde- als auch die Suchhundeprüfung kann auch von einem kräftig gebauten Rottweiler erfolgreich bestanden werden, doch sollte ein seriöses Konditionstraining vorausgehen.

Wie alle hier angeführten Prüfungsklassen ist auch die **Lawinenhundeprüfung** in drei Leistungsstufen aufgeteilt, eine für Anfänger, eine für Fortgeschrittene und die dritte für bewährte Führer und Hunde. Neben einem Unterordnungstest wird in einem umfangreichen Schneefeld, das steil ansteigt, nach Personen und Gegenständen gesucht, die mehr oder weniger tief vergraben sind. Stufe III: Reviergröße 80 x 150 m, Vergrabtiefe 200 cm für Personen, 50 cm für den Gegenstand (Rucksack).

Außerdem hat der Hund in Feinsuche auf einem kleinen, ebenen Feld einen Gegenstand in zehn Minuten zu finden. Schon mancher Rottweiler hat diese Prüfung mit Bravour bestanden.

Die **Katastrophenhundprüfung** setzt sich aus Unterordnung, Führigkeitsübungen und der Nasenarbeit zusammen. All dies beinhaltet einen umfangreichen Hindernisparcours, wobei sich der Hund langsam und sicher zu bewegen hat, dann eine Detachierübung (Führigkeitsübung), wobei der Hund aus 15 m Distanz auf verschiedene Erhebungen zu schicken ist. Zentrale Übung ist das Anzeigen eines Figuranten, der an einem bekannten Verweilort eingeschlossen ist. Hierbei wird Verharren, Bellen und Scharren verlangt.

Schließlich ist in einem schwierigen Trümmergelände größeren Ausmaßes in 15 Minuten eine vergrabene Person anzuzeigen, wobei sich der Führer auch über technisch-taktische Fähigkeiten auszuweisen hat.

Das Bestehen dieser anspruchsvollen Prüfung ergibt in der Schweiz noch nicht die Einsatzfähigkeit von Führer und Hund. Diese muß in einem bedeutend schwierigeren Test beim Schweizerischen Verein für

Gemeinsame Bewegung bedeutet für den Hund auch einen Vorgang der Verständigung.

Katastrophenhunde erworben werden.

Schon mehrmals haben Rottweiler die Einsatzfähigkeit erreicht, wie wir im nächsten Kapitel noch sehen werden.

Auch die **Fährtenhundprüfung** (FH) mit einer Fremdfährte über zweieinhalb Kilometer (ohne Verleitungsfährte), die in einer Suchzeit von maximal anderthalb Stunden durchgeführt werden muß, ist in der Schweiz schon oft von Rottweilern bestanden worden.

KAPITEL 10

Der Rottweiler als Dienst- und Rettungshund

Aufmerksamkeit ohne jede Nervosität – das ist typisch für den Rottweiler und prädestiniert ihn auch zum Rettungshund.

Unser Rottweiler gehört zu den klassischen Gebrauchshunderassen – neben dem Deutschen Schäferhund, dem Deutschen Boxer, dem Airedale Terrier, dem Riesenschnauzer, dem Dobermann und dem Hovawart.

Es sind dieselben Eigenschaften, die einen guten Schutzhund ausmachen, die auch für den Diensthund wie für den Rettungshund unerläßlich sind:
Wesensfestigkeit, Draufgängertum, Kraft, Ausdauer und Suchintensität. Die beste Grundschule ist folglich auch hier die Ausbildung zum Schutzhund, welche die genannten Wesensmerkmale nicht nur voraussetzt, sondern auch fördert.

Das gilt übrigens nicht allein für den Polizei- oder Militärhund; in gleicher Weise hat es auch beim Rettungshund seine Gültigkeit. Man kann nicht einen Hund, der zum Schutzhund nicht taugt, im Rettungsbereich einsetzen. Manche verantwortungslose Ausbilder machen dies zwar öfters in der Hoffnung, trotzdem (durch Zufall) Erfolg zu haben.

Mag das im Sport- und Prüfungsbereich mit dem einen oder anderen Hund noch angehen, für den Einsatz im Ernstfall reicht es nicht aus. Die Belastung ist hier für den Führer und seinen Hund ganz einfach zu groß, was unweigerlich zu Mißerfolgen führen muß.

Damit wird in sträflicher Weise das Leben von Menschen aufs Spiel gesetzt, die sich ohnehin schon in einer bedrohlichen Lage befinden.

Leider habe ich auf allen Katastrophenplätzen der letzten Jahre, vorwiegend nach den großen Erdbeben, solche vom Wesen her untaugliche Hunde angetroffen, die zudem samt ihren Führern unzureichend ausgebildet waren.

Diese Leute wollten einfach auch mit dabei sein und, wenn möglich, in die Schlagzeilen der Medien kommen.

Derartiger Dilettantismus im Rettungsbereich ist verwerflich. Wird der Rottweiler aus guter Zucht vom Besitzer fachgerecht erzogen, dann eignet er sich in den allermeisten Fällen zur Ausbildung als Diensthund. Gerade sein ausgeprägtes Schutzverhalten prädestiniert ihn dazu. Und dank seiner Beweglichkeit und Intensität wird er auch als Rettungshund vorzüglich arbeiten. Alles hängt hier wie dort von der ihm zuteil werdenden Ausbildung ab und von den Fähigkeiten seines Führers.

Polizei- und Militärhund

Die spezielle Ausbildung zum Polizei- und Militärhund basiert, wie gesagt, auf der sportlichen Betätigung im Schutzhundbereich. Allerdings verlangt die Praxis hier bedeutend weniger Zupacken und Festhalten, als dies im Sport der Fall ist, wo ja das Festhalten des Schutzärmels im Vordergrund steht.

Mit diesem Verhalten bringt sich der Polizeihund im Einsatz in Gefahr, weil er mit einem Hieb oder Schuß so verletzt werden kann, daß er zumindest kampfunfähig wird. Ein Stein genügt dem Täter oder seinem Komplizen, um ihm den Nasenrücken einzuschlagen. Beispiele dafür gibt es aus der Praxis der Einsätze leider genug.

Aber der Polizei- oder Militärhund verschafft seinem Führer nicht durch Beißen den erwünschten Schutz, sondern durch sein gutes Gehör und den unerhört leistungsfähigen und feinsinnigen Geruchsapparat.

Der Hund ist nämlich keineswegs eine Waffe, sondern ein Hilfsmittel im Sinne eines Detektors, wenn er richtig als Schutzhund eingesetzt wird. Er bemerkt nämlich dank seinen dem Menschen weit überlegenen Sinnesorganen alle Unregelmäßigkeiten im Gelände und in Innenräumen viel eher, als dies uns selbst möglich wäre. Und er zeigt uns jede Abweichung von der Norm sofort an.

Personen hat der Rottweiler dann zu verbellen und notfalls an der Flucht zu hindern.

Wie so mancher andere Polizist kann sich auch dieser Hundeführer von der Kantonspolizei Graubünden auf seinen Rottweiler verlassen. Hier beim Aufnehmen einer Fährte …

… und hier beim Stellen und Verbellen des Scheintäters.

Es ist fast unmöglich, einem in Begleitung eines gutausgebildeten Hundes vorgehenden Polizisten oder Soldaten gegenüber so unbemerkt zu bleiben, daß man ihn noch überraschen könnte. Denn der taktisch richtig eingesetzte Hund spürt einen möglichen Gegner in großer Distanz von seinem Führer auf und macht dessen Überraschungsangriffe somit zunichte.

Zudem findet er bei seiner Arbeit mögliche Gegenstände, die als Indizien Auskunft über die Identität und das Vorgehen von Tätern geben können.

Der Polizist wie der Soldat sind durch den Hund stets eher und besser informiert als ihr potentieller Gegner. Genau darin liegt eben auch der beste Schutz.

Und diesen Schutz erbringt ein gut ausgebildeter Rottweiler in vorzüglicher Weise.

Rettungs-hund

Polizei- und Militärhund werden ebenfalls zur Rettungsarbeit verwendet. Dies vor allem bei der Suche nach vermißten Personen und/oder Gegenständen in Wald und Feld. Wie schon bei der sportlichen Vorbereitung zu dieser professionellen Arbeit, bedarf der Rottweiler auch hier eines sorgfältig aufgebauten Konditionstrainings, um als vollwertiger Helfer mithalten zu können. Je kompakter und schwerer er ist, desto wichtiger ist dieses Training. Insofern ist es für den dienstlichen Gebrauch kein Nachteil, wenn unser Rottweiler hier etwas kleiner und leichter gebaut ist, als es die Anhänger eines schweren Typs dieser Rasse gern haben möchten. Genügend Kraft und Masse für den Notfall eines Angriffs bringt der Rottweiler allemal mit.

Als **Lawinenhund** hat sich der Rottweiler ebenfalls bewährt, wenn er auch in diesem Fachgebiet weniger anzutreffen ist. Gegen Kälte ist er genügend geschützt, und leistungsmäßig bringt er – wenn gut trainiert – alles mit.

Auch zur **Trümmersuche** wird der Rottweiler mit Erfolg eingesetzt. Der Schweizerische Verein für Katastrophenhunde (SVKA) hat mit ihm bei Erdbebenkatastrophen die besten Erfahrungen gemacht. Beweglichkeit bei schwierigen Trümmerlagen und Unbeirrtheit bei Störeffekten durch Lärm und Rauch zeichnen den Rottweiler aus.

Weniger bekannt ist die berufliche Verwendung des Rottweilers als **Blindenführhund**, doch steht er auch in diesem schwierigen Fach den anderen Rassen in keiner Weise nach. Freilich muß der Blinde wie der Sehende diesen Hund mit fester Hand zu führen wissen.

Ganz allgemein läßt sich vom Rottweiler sagen, daß er in allen beruflichen Verwendungsarten einzusetzen ist. Es ist auch hier die ihm gegebene Ursprünglichkeit, die ihn zu Spitzenleistungen befähigt.

Hinzu kommt noch seine tiefe Verbundenheit zum Herrn, die der Sensibilität dieses muskelstarken Hundes entspricht und die ihn besonders zuverlässig und wertvoll in der Zusammenarbeit mit dem Menschen macht.

Am 12. April 1975 führte der bekannte Ausbilder im Blindenführhundwesen, Walter Rupp, erstmals einen Orientierungslauf für Blindenführhundehalter in der Schweiz durch. Als Sieger ging unter vierzig Teilnehmern dieser Rottweiler mit seinem sehbehinderten Führer hervor.

KAPITEL

11

Mit dem Rottweiler zur Ausstellung

Das Vorführen im Ausstellungsring will von Hund und Besitzer geübt sein.

Hundeausstellungen sind vor allem für unseren Züchter wichtige Ereignisse, wo er sich informieren und orientieren kann. Im Vergleich zu den Hunden von anderen Züchtern aus dem In- und Ausland kann er den Stand der eigenen Zuchtergebnisse erkennen und – so es ihm nötig erscheint – entsprechende züchterische Maßnahmen treffen.

Haben wir nun von unserem Züchter einen sorgfältig aufgezogenen Rottweiler erhalten, der dem sogenannten Rassestandard gut entspricht, sollten wir nicht zögern, ihn auch einmal auszustellen. Der Züchter wird uns dafür dankbar sein und uns in allen Dingen beraten, die den Ausstellungsbesuch betreffen. Auch die Rottweiler-Klubs bemühen sich, uns über das Wann, Wo und Wie einer Ausstellung aufzuklären. Sie führen Informationsübungen durch, wo wir auch erfahren, welche Chancen unserem Hund vor dem Ausstellungsrichter eingeräumt werden und wie der Hund im Ausstellungsring (Vorführplatz) am geschicktesten zu präsentieren ist.

Manchmal werden auch sogenannte Ringtrainings abgehalten, wo wir das Präsentieren des Hundes lernen und üben können. Dabei geht es im Prinzip darum, den Hund in eine gewisse Spannung zu versetzen, damit seine Gestalt sich ausdrucksvoll zeigt. Es ist sehr schwierig für einen Schönheitsrichter, einen Hund zu beurteilen – und sei er noch so perfekt gebaut –, der ohne jedes Interesse unaufmerksam im Ring steht oder lustlos herumgeht. Daher ist es ganz natürlich, daß ein gut vorgeführter Hund stets mehr Chancen hat, an die Spitze zu gelangen.

Man sieht, daß die Teilnahme an einer Ausstellung gut vorbereitet werden sollte. Abgesehen von dem zu erreichenden Ergebnis bringt die Teilnahme uns und unserem Hund noch einiges mehr. Es bietet sich nämlich damit erneut eine Gelegenheit, mit unserem Rottweiler etwas zu unternehmen, und wir lernen ihn dabei von einer neuen Seite kennen. Auch erfahren wir im Gespräch mit anderen Besitzern manches über die Haltung und die Erziehung sowie über die Rasse selbst. Nicht zuletzt erklärt uns der Richter, was an unserem Hund besonders formgerecht und was weniger gut ausgeprägt erscheint.

Schade ist es freilich, wenn wir über eventuelle Mängel unseres Hundes enttäuscht sind. Um uns davor zu bewahren, stellen wir den ersten Ausstellungsbesuch am besten unter das Motto »Mitmachen ist wichtiger als Siegen«. Dann werden wir die Veranstaltung in guter Stimmung erleben und einige Erfahrungen und Kenntnisse mehr nach Hause tragen.

Nicht zu Unrecht sagt man, daß der eigene Hund stets der schönste und beste sei, und daran wird eine mitgemachte Ausstellung nichts ändern, sofern wir sie nicht mit allzu großen Erwartungen angehen. Selbst wenn er sich im hinteren Teil der Rangliste befindet, ist unser Rottweiler derselbe geblieben. Ist er uns dank seines guten Wesens lieb geworden, wird er dies auch bleiben. Und sollte es der Zufall wollen, daß unser Hund unerwartet gut abschneidet, werden wir vielleicht Lust bekommen, zu weiteren Ausstellungen oder Rottweiler-Schauen zu fahren.

Wie schön bzw. formgerecht ist mein Rottweiler? Das lernt man bei den Anleitungen zum Vorführen im Ausstellungsring der Klubs.

KAPITEL

12

Der Rassestandard des Rottweilers

Im Rassestandard sind die äußerlichen und Wesensmerkmale des Rottweilers festgelegt.

Damit alle Züchter einer Rasse gemeinsam ein bestimmtes Zuchtziel bezüglich der äußeren Erscheinung des betreffenden Rassetyps anstreben können, wird der als Idealtyp erachtete Hund genau beschrieben. Diese Beschreibung wird Standard genannt.

Natürlich gehen die Meinungen der interessierten Rassefreunde und ihrer Zuchtgremien oft auseinander, und man muß sich in Verhandlungen auf einen solchen Standard einigen können. Der erste für den Rottweiler entstand schon 1901, danach wurden mehrere Neufassungen gemacht. Das ist verständlich, denn eine Rasse ist unentwegt in Entwicklung begriffen. Auch unterliegt das einmal gewählte Idealbild einer stetigen Wandlung, da sich die Ansichten und Auffassungen der an einer Zucht beteiligten Personen ebenfalls ändern. Mit kleineren Anpassungen muß somit stets gerechnet werden.

Hier wird der Standard des Allgemeinen Deutschen Rottweilerhunde-Klubs ADRK von 1970 wiedergegeben. Zwar wurde er zwischenzeitlich leichten Abwandlungen unterworfen, die jedoch für den Nichtfachmann kaum ins Gewicht fallen. Die Angaben über Größe, Gewicht und Rute entsprechen der Fassung von 1991.

Beim Lesen dieses Standards kann sich nun jeder Rottweilerbesitzer darüber orientieren, welche äußere Form und welche anatomischen Merkmale angestrebt werden und inwiefern all das auf den eigenen Hund auch zutrifft. Dies ersetzt freilich nicht die Beratung und Beurteilung durch einen Fachmann, am besten durch den Richter. Erst dann weiß man, woran man ist.

Der Standard

Die Rottweilerzucht erstrebt einen kraftstrotzenden Hund, schwarz mit rotbraunen, klar abgegrenzten Abzeichen, der bei wuchtiger Gesamterscheinung den Adel nicht vermissen läßt und sich als Begleit-, Schutz- und Gebrauchshund in besonderem Maße eignet.

Äußere Erscheinung, Gesamtbild: Der Rottweiler ist ein über mittelgroßer, stämmiger Hund, weder plump noch leicht, nicht hochläufig oder windig. Seine im richtigen Verhältnis stehende leicht gestreckte, gedrungene und kräftige Gestalt läßt auf große Kraft, Wendigkeit und Ausdauer schließen. Seine Erscheinung verrät Urwüchsigkeit, sein Verhalten ist selbstsicher, nervenfest und unerschrocken. Sein ruhiger Blick bekundet Gutartigkeit. Er reagiert mit hoher Aufmerksamkeit gegenüber seiner Umwelt und seinem Herrn.

Größe und Gewicht:
Widerristhöhe Rüden
61 bis 68 cm:
61 bis 62 cm klein
63 bis 64 cm mittelgroß
65 bis 66 cm groß, richtige Höhe
67 bis 68 cm sehr groß
Gewicht ca. 50 kg
Widerristhöhe Hündinnen
56 bis 63 cm:
56 bis 57 cm klein
58 bis 59 cm mittelgroß
60 bis 61 cm groß, richtige Höhe
62 bis 63 cm sehr groß
Gewicht ca. 42 kg
Das Maß der Rumpflänge, gemessen vom Brustbein bis zum Sitzbeinhöcker, sollte dasjenige der Widerristhöhe höchstens um 15 Prozent überschreiten.

Kopf: Mittellang, der Schädel zwischen den Ohren breit, in der Stirnlinie, seitlich gesehen, mäßig gewölbt. Hinterhauptstachel gut entwickelt, ohne stark hervorzutreten. Stirnabsatz und Jochbogen ausgeprägt. Von der Nasenkuppe bis zum inneren Augenwinkel nicht länger als der Oberkopf vom inneren Augenwinkel bis zum Hinterhauptbein.

Kopfhaut: Liegt überall straff an und darf bei hoher Aufmerksamkeit leichte Stirnfalten bilden. Erstrebt wird der faltenlose Kopf.

Lefzen: Schwarz, fest anliegend, Lefzenwinkel geschlossen.

Nase: Nasenrücken gerade, mit breitem Ansatz und mäßiger Verjüngung. Nasenkuppe gut ausgebildet, eher breit als rund, mit verhältnismäßig großen Öffnungen, stets von schwarzer Farbe.

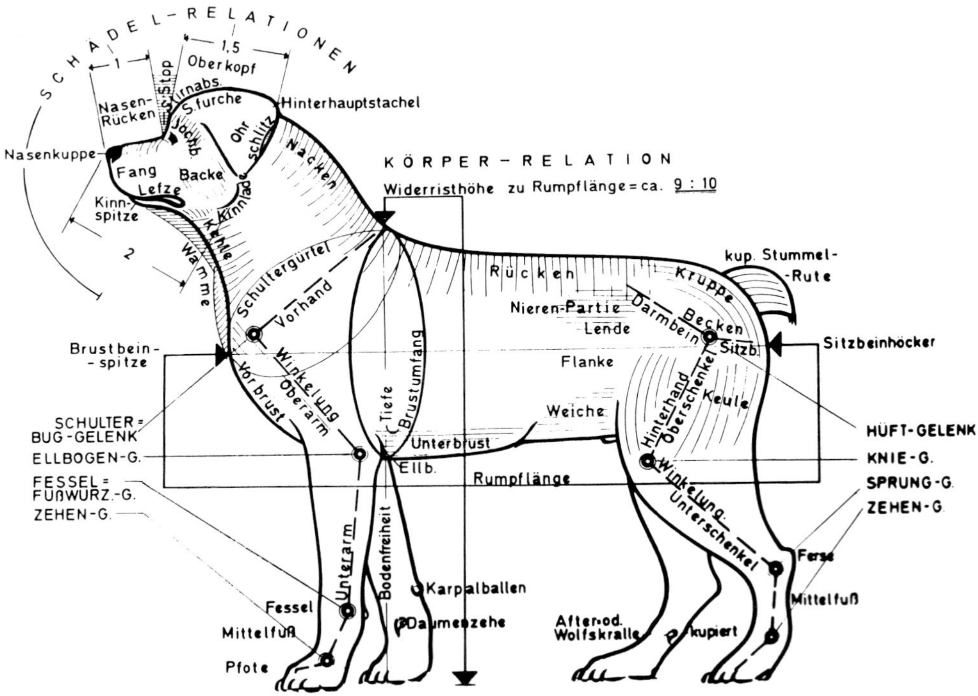

Das Gebäude des Rottweilers

Augen: Mittelgroß, mandelförmig, von tiefbrauner Farbe; Lider gut anliegend.

Ohren: Möglichst klein, hängend, dreieckig, weit voneinanderstehend, hoch angesetzt. Der Oberkopf erscheint bei nach vorn gelegten, gut anliegenden Ohren verbreitert.

Gebiß: Stark und vollständig (42 Zähne), die oberen Schneidezähne greifen scherenartig vor die des Unterkiefers.

Hals: Kräftig, mäßig lang, gut bemuskelt, mit leicht gewölbter Nackenlinie aus der Schulter herauswachsend, trocken, ohne Wamme oder lose Kehlhaut.

Rumpf: Geräumige, breite und tiefe Brust mit gut entwickelter Vorbrust und gut gewölbten Rippen. Rücken gerade, kräftig, stramm. Nierenpartie kurz, kräftig und tief. Flanken nicht aufgezogen. Kruppe breit, von mittlerer Länge in leichter Rundung verlaufend, weder gerade noch stark abfallend.

Rute: Kurz kupiert, wobei ein oder zwei Rutenwirbel sichtbar erhalten bleiben. In Ländern, in denen der Gesetzgeber ein Rutenkupierverbot erlassen hat, kann die Rute naturbelassen bleiben.

Vorhand: Zeigt eine lange, gut gestellte Schulter. Oberarm gut am Rumpf anliegend, doch nicht allzu straff. Unterarm kräftig entwickelt und bemuskelt. Vordermittelfuß leicht federnd, kräftig, nicht steil. Pfoten rund, gut geschlossen und gewölbt. Sohlen hart, Nägel kurz, schwarz und stark. Die Vorderläufe sind von vorn gesehen gerade und nicht eng gestellt. Die Unterschenkel stehen, seitlich gesehen, gerade. Die Neigung des Schulterblattes zur Waagerechten ist etwa 45 Grad, der Winkel Schulterblatt – Oberarm etwa 115 Grad.

Hinterhand: Oberschenkel mäßig lang, breit und stark bemuskelt. Unterschenkel lang, kräftig und breit bemuskelt, sehnig in ein kraftvolles Sprunggelenk übergehend, gut gewinkelt, nicht steil. Pfoten etwas länger als die Vorderpfoten, ebenso gut geschlossen, gewölbt mit starken Zehen, ohne Afterkrallen. Von hinten gesehen sind die Hinterläufe gerade, nicht eng gestellt. Im zwanglosen Stand bilden Oberschenkel zum Hüftbein, Oberschenkel zum Unterschenkel und Unterschenkel zum Mittelfuß einen stumpfen Winkel. Die Neigung des Hüftbeines ist etwa 20 bis 30 Grad.

Behaarung: Bestehend aus Deckhaar und Unterwolle. Deckhaar = Stockhaar, mittellang, derb, dicht und straff anliegend, die Unterwolle darf nicht aus dem Deckhaar hervortreten. An Vorder- und Hinterläufen ist die Behaarung etwas länger. Die Farbe ist schwarz mit gut abgegrenzten Abzeichen (Brand) von satter, rotbrauner Färbung an Backen, Fang, Halsunterseite, Brust und Läufen sowie über den Augen und unter der Rutenwurzel.

Gangart: Der Rottweiler ist ein Traber. In dieser Bewegung vermittelt er den Eindruck von Kraft, Ausdauer und Entschlossenheit. Der Rücken bleibt fest und relativ ruhig. Der Ablauf der Bewegung ist harmonisch, sicher, kraftvoll und ungehemmt, bei guter Schrittweise.

Wesensbild: Das Wesen des Rottweilers besteht aus der Gesamtheit aller angeborenen und erworbenen körperlichen und seelischen Anlagen, Eigenschaften und Fähigkeiten, die sein Verhalten zu seiner Umwelt bestimmen und regeln.

Seiner psychischen Verfassung entsprechend ist er von freundlicher, friedlicher Grundstimmung, sehr anhänglich, gehorsam und arbeitsfreudig. Temperament, Bewegungs- und Betätigungstrieb liegen auf mittlerer Höhe. Gegenüber unangenehmen Einflüssen ist er hart, unerschrocken und nervenfest.

Seine Sinnesorgane sind zweckmäßig entwickelt. Seine Affekte sind gut ansprechbar, und seine Lernfähigkeit ist ausgezeichnet. Er gehört zum starken, ausgeglichenen Typ. Wegen

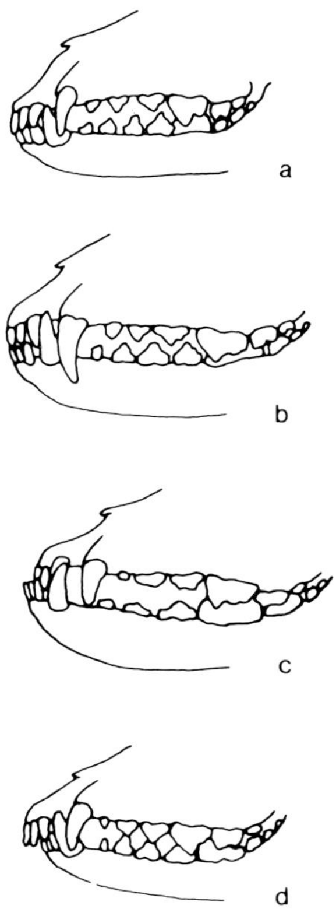

Zahnschlußtypen

***a)** Scherengebiß: Die Schneidezähne des Oberkiefers überlappen die Schneidezähne des Unterkiefers praktisch ohne Zwischenraum. Bei sehr knappem Zahnschluß entsteht durch die Abnutzung der Schneidezähne beim älteren Hund sehr oft ein Zangengebiß.*
***b)** Zangengebiß: Die Schneidezähne des Ober- und des Unterkiefers stehen aufeinander wie die beiden Schneiden einer Zange.*
***c)** Vorbiß: Die Schneidezähne des Unterkiefers stehen vor. Ein knapper Vorbiß ist funktionell dem Scherengebiß absolut gleichwertig. Die Zuchtbestimmungen der meisten Klubs schließen jedoch Hunde mit Vorbiß von der Zucht aus.*
***d)** Unterbiß: Die Schneidezähne des Unterkiefers stehen mit deutlichem Abstand zurück. Bei starker Verkürzung des Unterkiefers kommen die unteren Fangzähne hinter diejenigen des Oberkiefers zu liegen. Sie drücken mit der Zeit tiefe Gruben in den Rachen und behindern den Hund bei der Nahrungsaufnahme. Bei derart starkem Unterbiß sollten deshalb die Fangzähne des Unterkiefers entfernt werden. Hunde mit Unterbiß sind nicht zur Zucht zugelassen.*

seines geringen Mißtrauens, seiner mittleren Schärfe und seiner hohen Selbstsicherheit reagiert er auf Umwelteinflüsse ruhig und abwartend. Bei einer Bedrohung jedoch tritt seine Wehrhaftigkeit auf Grund seines hochentwickelten Kampf- und Schutztriebes sofort in Aktion. Schmerzhaften Einwirkungen hält er furchtlos und unerschrocken stand. Endet die Bedrohung, so klingt die Kampfstimmung verhältnismäßig rasch ab und wechselt in friedliche Stimmung über.

Zu seinen weiteren Vorzügen gehören: Haus- und Hofgebundenheit, wehrhafte Wachsamkeit. Er ist apportierfreudig, besitzt eine gute Spürfähigkeit. Seine Ausdauer ist hoch, er ist wasserfreudig und kinderlieb. Ausgesprochene Jagdpassionen besitzt er nicht.

Im einzelnen sind folgende Wesenseigenschaften und Triebe erwünscht:

a) Für das Zusammenleben:

Selbstsicherheit	hoch
Unerschrockenheit	hoch
Temperament	mittel
Ausdauer	hoch
Bewegungs- und Betätigungstrieb	mittel
Aufmerksamkeit	hoch
Führigkeit	mittel bis hoch
Mißtrauen	gering bis mittel
Schärfe	gering bis mittel

b) als Begleit-, Schutz- und Gebrauchshund:

Alle unter a) genannten Anlagen sowie

Mut (Furchtlosigkeit)	sehr hoch
Kampftrieb	sehr hoch
Schutztrieb	sehr hoch
Härte	hoch

c) Wacheigenschaften:

Wachtrieb	mittel
Reizschwelle	mittel

d) Nasenveranlagung:

Stöbertrieb	mittel
Spürtrieb	hoch
Beutetrieb (Apportierfreudigkeit)	mittel bis hoch

Es ist zu beachten, daß die Triebe und Eigenschaften in verschieden starken Intensitätsgraden vorhanden sein können, oft ineinander überfließen und in Wechselbeziehung stehen. Sie müssen aber mindestens so hoch entwickelt und vorhanden sein, wie es für die Gebrauchstüchtigkeit erforderlich ist.

Form- und Gebrauchsfehler: Formfehler sind merkliche Abweichungen von den im Standard beschriebenen Merkmalen. Sie mindern den Gebrauchswert des Hundes nur in begrenztem Maße, können aber das rassetypische Bild verwischen und entstellen.

Zu den Formfehlern sind nach den Rassekennzeichen zu rechnen: leichte, windige, hochläufige Gesamterscheinung; zu langer, zu kurzer, schmaler Körper; hervortretendes Hinterhauptbein; Jagdhundkopf und Jagdhundausdruck; schmaler, leichter, zu kurzer, langer, plumper Kopf; flache Stirnpartie (fehlender oder zu geringer Stop); schmaler Unterkiefer; langer oder spitzer Fang; stark hervortretende Backen; Rams- oder Spaltnase, eingesunkener oder abfallender Nasenrücken; helle oder gefleckte Nasenkuppe; offene, rosafarbene oder fleckige Lefzen, offener Lefzenwinkel; Staupegebiß; faltige Kopfhaut; zu tief angesetzte, schwere, lange, schlappe, zurückgeklappte sowie abstehende und ungleichmäßig getragene Ohren; helle (gelbe) oder ein helles und ein dunkles Auge, offene, tiefliegende, zu volle, runde Augen, Glotzaugen, stechender Blick; zu langer, dünner, schwach bemuskelter Hals, Wamme oder zu lose Kehlhaut; eng gestellte oder nicht gerade Vorderläufe; helle Nägel; zu hoch oder zu tief angesetzte Rute; weiches, zu kurzes oder zu langes Haar, Wellhaar, Fehlen der Unterwolle, mißfarbene, unklar abgegrenzte, zu ausgedehnte Abzeichen, weiße Flecken; Afterkrallen.

Schwerwiegender als die vorerwähnten Fehler sind diejenigen Abweichungen vom Musterbild, die sowohl den Formwert des Hundes als auch dessen Leistungsfähigkeit beeinträchtigen. Sie werden Gebrauchsfehler genannt und sind in den Rassekennzeichen des Rottweilers wie folgt aufgeführt: schwache Knochen und Muskeln; steile Schulter, fehlender oder mangelnder Ellbogenanschluß, zu langer, zu kurzer oder steiler Oberarm, weicher oder steiler Vordermittelfuß, Spreizpfoten, zu flache oder stark gewölbte Zehen, verkümmerte Zehen; flachgerippter Brustkorb, tonnenförmige Brust, Schnürbrust; zu langer, schwacher oder eingesenkter Rücken, Karpfenrücken; zu kurze, zu gerade oder zu lange, abschüssige Kruppe; aufgeschwemmter, plumper Körper; flachschenkelige, hackenenge, kuhhessige oder faßbeinige Läufe; zu eng oder zu weit gewinkelte Gelenke.

Von der Bewertung und von der Zuchtverwendung gänzlich ausgeschlossen sind:

1. einhodige oder hodenlose Rüden. Beide Hoden müssen gut entwickelt sein und sich deutlich sichtbar im Hodensack befinden;

2. alle Rottweiler, deren Hüftgelenke eine Anomalität aufweisen. Der Zuchtausschuß bestimmt den Grad der Erkrankung, der zu Zuchtverbot führt, und legt die züchterischen Maßnahmen fest;

3. sämtliche Rottweiler mit Gebißfehlern, d. h. Vorbeißer und Hunde mit fehlenden Prämolaren oder Molaren (Röntgenaufnahmen werden nicht als Beweis der Gebißvollständigkeit anerkannt);

4. alle Rottweiler mit losen oder einwärts gerollten Augenlidern (Entropium) sowie Rottweiler mit offenen Augenlidern (Ektropium). Wird auf einer Zuchtschau oder Zuchttauglichkeitsprüfung ein an den Augen erkrankter Hund vorgestellt, so wird im Zweifelsfalle tierärztliche Untersuchung empfohlen. Die Meldung des erkrankten Hundes an das Zuchtbuchamt erfolgt durch den Richter. Ist der Hund bei erneuter Vorstellung immer noch krank oder dann lidoperiert, erhält dieser Hund endgültig Zuchtverbot. Die Verheimlichung einer Lidoperation ist eine arglistige Täuschung und wird entsprechend der Ausstellungsordnung als Zuchtvergehen geahndet;

5. alle Rottweiler mit gelben Augen, raubvogelartigem, stechenden Blick oder mit verschiedenfarbigen Augen;

6. alle Rottweiler mit ausgesprochen stark betonter Umkehrung des Geschlechtsgepräges (Hündinnentyp bei Rüden und umgekehrt);

7. alle ängstlichen, scheuen, feigen, schußscheuen, bösartigen und übertrieben mißtrauischen, nervösen Rottweiler sowie solche mit stumpfsinnigem Ausdruck und Gehabe. Hunde, die auffallende Bewegungsunlust, ungewöhnlich langsame Reaktionen oder extreme Einseitigkeit im Wesensbild zeigen, sind vor der Zuchtverwendung besonders eingehend zu beobachten und zu prüfen (Taubheit beachten);

8. ausgesprochen lang- und wellhaarige Rottweiler. Bei Glatt- oder Kurzhaar mit fehlender Unterwolle ist Zuchtverwendung nur mit Genehmigung des Hauptzuchtwartes gestattet.

Das Gebiß: Der ausgewachsene Hund hat 42 Zähne: 12 Schneidezähne, 4 Fangzähne, 16 Vormahlzähne (Prämolaren), 10 Mahlzähne (Molaren). Das Gebiß ist für den Hund von höchster vitaler Bedeutung. Kein Rottweiler darf bewertet und zur Zucht verwendet werden, der nicht ein gut ausgebildetes, korrektes und vollständiges Gebiß besitzt.

Die Forderung nach dem sogenannten *Scherengebiß* gilt, mit wenigen durch die Kopfform bedingten Ausnahmen, für alle Rassen. Es ist das Gebiß des Hundes, bei dem die oberen Schneidezähne leicht schleifend etwas über die unteren greifen. Fehlt diese schleifende Berührung, ergibt sich also zwischen den vorgreifenden Schneidezähnen des Oberkiefers und denen des Unterkiefers ein deutlicher Abstand, dann spricht man vom Unterbeißen.

Tritt dagegen die untere Zahnreihe vor die obere, so bezeichnet man dies als Vorbeißen. Beide Gebißformen sind fehlerhaft und führen zu Zuchtverbot. Zangengebiß (Aufbeißer), das heißt unmittelbares Aufeinandertreffen beider Schneidezahnreihen, ist geduldet, setzt aber die Bewertung des betreffenden Hundes um eine Stufe herab.

Der Bewegungsapparat und die Gangarten: Die Hintergliedmaßen haben die Aufgabe eines Stemm- und Wurfhebelwerkes. Der Schub zur Vorwärtsbewegung geht in allen Gangarten von der Hinterhand aus, die stärker gewinkelt, kräftiger und komplizierter bemuskelt ist als die Vorhand. Entsprechend ihrer stärkeren Stützbeanspruchung zeigt die Vorhand ein weniger gewinkeltes Stütz- und Auffanghebelwerk. Die Schubkräfte werden durch den Rumpf auf die Vorhand übertragen. Der Rücken ist an der Vorwärtsbewegung wesentlich beteiligt. Dabei arbeiten die kräftigen Hals- und Rückenstrecker mit den unteren Hals- sowie den inneren Lenden- und Bauchmuskeln zusammen. Eine äußerst kräftige, gut entwickelte Rückenmuskulatur ist eine der Voraussetzungen für eine gute und ausdauernde Laufleistung.

Die Gangarten des Rottweilers sind der Schritt, Trab, Paß, Galopp und der Sprung. Beim Trab werden Vor- und Hinterhand im gegenseitigen Synchronismus betätigt (Stemmen, Heben, Schweben, Stützen). Der Rücken bleibt in relativer Ruhe. Beim Schritt sind die Rückenbewegungen schon sichtbarer, beim Paß (gleichzeitiges Vorführen der Hinter- und Vordergliedmaßen auf einer Seite) schon ausgeprägter und beim Galopp am stärksten, wobei der Rücken wie eine Feder abgebogen wird und den Körper vorwärts wirft.

Fehlerhafte Gangarten sind: steif, unfrei, zu hoch oder schleifend über den Boden tretend, kurztrittig, wiegend, seitlich wiegend, schlingernd, schränkend.

Allgemeines zur äußeren Erscheinung: Mängel in der Ausgeglichenheit und Festigkeit des Körperbaues setzen den Formwert eines Hundes

Gegenüber anderen Heimtieren verhält sich der Rottweiler in der Regel verträglich, doch muß man bei der Gewöhnung sorgfältig vorgehen und ihn nicht zum fremdartigen Tier drängen.

herab und beeinträchtigen dessen Leistungsfähigkeit. Die Gebrauchstüchtigkeit eines Hundes hängt wesentlich von der Bewegungsfreudigkeit und dem Laufvermögen ab, weshalb beiden Faktoren bei Form- und Wesensbeurteilungen besondere Beachtung zu schenken ist. Auf die Wichtigkeit von Länge und Stärke der Gliedmaßen, des Rückens und der Schulter sowie auf die Winkelung der Gelenke und die Muskulatur ist in den Rassekennzeichen mehrmals hingewiesen. Bei der Beurteilung eines Lebewesens sprechen außerdem manche unwägbaren Umstände mit, die nur das geschulte Auge des erfahrenen Beurteilers im Rahmen des Gesamtbildes richtig einschätzen kann.

Einige Zahlen mögen als Anhaltspunkte genannt werden: Ein Rottweiler mit 65 cm Widerristhöhe soll von der Brustspitze bis zum Sitzbeinhöcker etwa 75 cm messen. Der Brustumfang entspricht etwa der Widerristhöhe plus 20 cm. Die Brusttiefe soll nicht mehr, aber auch nicht viel weniger als 50 Prozent der Widerristhöhe ausmachen.

Der Rottweiler war zu den Zeiten, da er noch zum Viehtreiben eingesetzt wurde und später den Karren der Metzger und der Milchmänner ziehen mußte, ein derber Bursche mit einem unansehnlichen Haarkleid. Kein Blender, aber selbstbewußt. Ein Hund, der die geforderten Arbeitsleistungen willig ausführte.

Heute wird versucht, dem Rottweiler ein schönes und gefälliges Aussehen zu geben und den Adel konstant zu machen. Seine Verwendung als Dienst-, Gebrauchs- und Familienhund läßt es verantworten, daß er nicht mehr mit dem überaus schweren, massigen Körper gezüchtet wird.

Züchten ist auch, wenn man so

will, künstlerisches und formendes Gestalten am Lebendigen. So braucht man heute wie damals nichts weiter zu tun, als den Hund einheitlicher und mehr ausgeglichen zu züchten. Die Linien und Formen sind fließender und flotter zu halten, ohne den Gesamteindruck des Rottweilers zu schmälern oder gar wesentliche Züge, die aus dem starkknochigen Gebäude, dem freien Gangwerk, dem kräftigen Kopf mit dem gut entwickelten, genügend breiten Fang, dem gut gewölbten und tiefen Rippenkorb, dem kräftigen Rücken und dem derben, dichten Haar mit klar abgegrenzten Abzeichen bestehen, zu vernichten.

Beweglichkeit, Ausdauer, Kraft und ein ausgeglichenes Wesen sind wichtige Eigenschaften, auf die in der Zucht besondere Aufmerksamkeit zu legen ist. Wir wollen nicht die Beweglichkeit auf Kosten eines leichten, schlanken und kurzen Hundes erkaufen. Wir wollen aber auch nicht die Kraft einhandeln gegen einen schwerfälligen, allzu gedrungenen und wenig beweglichen Körper. Die Erscheinung des stämmigen und kraftvollen, ruhig überlegend und frei blickenden Rottweilers fordert Respekt.

Über allem züchterischen Bemühen steht die Pflege, Erhaltung und Weiterentwicklung der Wesenseigenschaften, die den Rottweiler zu einem ausgezeichneten Dienst- und Gebrauchshund und einem angenehmen Familienhund gemacht haben.

KAPITEL 13

Anhang

Trotz seines kurzen Haares ist der Rottweiler durchaus winterfest.

Literatur

BECK, P.: Das Beste für meinen Hund. Stuttgart 1995.
BECVAR, DR. W.: Naturheilkunde für Hunde. Stuttgart 1994.
BREHM, DR. H.: Gesunde Ernährung für Hunde. Stuttgart 1993.
BREHM, DR. H.: Hundekrankheiten. Stuttgart 1995.
DURST-BENNING, P. und C. KUSCH: Der große Spiele-Spaß für Hunde. Stuttgart 1997.
FEDDERSEN-PETERSEN, D.: Hundepsychologie. Stuttgart 1989.
JONES, R.: Welpenschule leichtgemacht. Stuttgart 1997.
KEJCZ, Y.: So sag ich's meinem Hund. Stuttgart 1992.
KEJCZ, Y.: Unser Hund wird alt. Stuttgart 1994.
OCHSENBEIN, U.: ABC für Hundebesitzer. 5. Aufl., Zürich 1995.
OCHSENBEIN, U.: Der neue Weg der Hundeausbildung. 6. Aufl., Zürich 1994.
PIENKOSS, A.: Rottweiler. Essen 1982.

RAKOW, DR. BARBARA.: Der homöopathische Hundedoktor. Stuttgart 1992.
ROSS, J. und B. MCKINNEY: Hunde verstehen und richtig erziehen. Stuttgart 1994.
ROSS, J. und B. MCKINNEY: Welpen-Kindergarten. Stuttgart 1997.
SCHNABEL, E.: Unser Hund wird gut erzogen. Stuttgart 1992.
STEIN, P.: Bachblüten für Hunde. Stuttgart 1997.
TELLINGTON-JONES, L. und S. TAYLOR: Der neue Weg im Umgang mit Tieren. Stuttgart 1993.

Adressen

Allgemeiner Deutscher Rottweiler-Klub e.V. (ADRK)
Geschäftsstelle
Südring 18
32429 Minden
Tel.: 05 71-50 40 40
Fax: 05 71-5 04 04 44

Verband für das Deutsche Hundewesen e.V. (VDH)
Westfalendamm 174
44141 Dortmund
Tel.: 02 31-56 50 00
Fax: 02 31-59 24 40

Deutscher Hundesportverband e.V. (dhv)
Geschäftsstelle
Gustav-Sybrecht-Straße 42
44536 Lünen
Tel.: 02 31-8 79 49
Fax: 02 31-8 77 08 13

Schweizerischer Rottweilerhunde-Club
Präsident
Stephan Meyer
Brunnenweid 76
CH-5643 Sins
Tel.: 0 42-66 24 37

Schweizerische Kynologische Gesellschaft (SKG)
Länggaßstraße 8
CH-3001 Bern
Tel.: 0 31-23 58 19
Fax: 0 31-24 02 15

Österreichischer Rottweiler-Klub
Präsident und Geschäftsstelle:
Johann Samson
Schulgasse 9
A-2372 Gießhübel
Tel.: 0 22 36-2 70 15

Österreichischer Kynologenverband (ÖKV)
Johann-Teufel-Gasse 8
A-1238 Wien
Tel.: 01-8 88 70 92/3
Fax: 01-88 89 26 21

Ein eigenwilliges Porträt

Kaufvertrag

Zwischen dem **Verkäufer** (Name, Vorname, Straße und Nr., PLZ und Ort):

....

und dem **Käufer** (Name, Vorname, Straße und Nr., PLZ und Ort):

....

wird folgender **K a u f v e r t r a g** geschlossen:

Muster

Gegenstand des Vertrages ist der Rüde*) die Hündin*)

(Name) ....

der Rasse .... Wurfdatum ....

im VDH/FCI-Zuchtbuch des Rassehunde-Zuchtvereins

(Name) ....

(   ) **) eingetragen unter Nr. ....

(   ) **) zur Eintragung angemeldet. Tätowier-Nr.: ....

Der **Kaufpreis** beträgt DM .... (i. W. Deutsche Mark ....

....)

Der Käufer erklärt, daß er mit dem Hund nicht*) züchten und diesen nicht*) ausstellen will.

Der Verkäufer leistet für die Richtigkeit der in der Ahnentafel bzw. in der Meldung zum Zuchtbuch enthaltenen Angaben **Gewähr, gleiches gilt für die Angaben in weiteren übergebenden Urkunden. Er versichert,** daß ihm irgendwelche offensichtliche oder verborgene Mängel oder Krankheiten des Hundes nicht bekannt sind. **Er erklärt, daß der Hund gegen Staupe, Hepatitis, Leptospirose, Parovirose, Tollwut *) geimpft wurde, und händigt den Impfpaß dem Käufer aus.**

Der Käufer bescheinigt, den Hund besichtigt zu haben. **Er erklärt,** daß er über die für die Aufzucht und Haltung eines Hundes notwendigen Kenntnisse, Fähigkeiten und Möglichkeiten verfügt und daß ihm bekannt ist, daß insbesondere ein junger Hund tiergerecht aufgezogen und gehalten werden muß und unter keinen Umständen überfordert werden darf. Von der Haftung für Beeinträchtigungen und Schäden, die durch falsche Haltung, Aufzucht oder Behandlung entstehen, **stellt er den Verkäufer frei. Er sichert ferner zu,** den Hund nach den Bestimmungen des Tierschutzgesetzes und den auf Grund dieses Gesetzes erlassenen Verordnungen zu halten.

(   ) **) Die Ahnentafel ist dem Käufer übergeben worden.

(   ) **) **Der Verkäufer verspricht,** die Ahnentafel nach Erhalt vom Zuchtbuchamt dem Käufer unverzüglich zuzusenden.

Zusätzlich werden folgende Abreden getroffen:

....

....

....

....

....

....

Verkäufer und Käufer erklären, daß darüber hinaus weitere Abreden nicht getroffen wurden. Ergänzungen und Änderungen dieses Vertrages bedürfen der Schriftform. Verkäufer und Käufer erhalten je eine Ausfertigung dieses Vertrages.

(Ort) .... (Datum)...

DER VERKÄUFER DER KÄUFER

*) Nichtzutreffendes bitte streichen
**) Zutreffendes bitte ankreuzen

Der Rottweilerwelpe braucht für eine gesunde Entwicklung Kontakt zu erwachsenen Hunden und zu anderen Tieren.

Register

A

B

D

E

F

Auch Rottweiler brauchen Abwechslung und Beschäftigung.

T

U

V

W

Z

Wie geht es weiter?

Wie jung oder wie alt unser Rottweiler auch sei, wie schön oder weniger schön (gemessen am Standard) er sich auch präsentieren mag – stets ist er eine Persönlichkeit, die bereit ist, sich uns anzuschließen und ihr Leben mit uns zu verbringen. Wir nehmen das als Selbstverständlichkeit zur Kenntnis. Doch werden wir der Hundepersönlichkeit auch gerecht?

Bieten wir ihr ein Umfeld, worin sie sich wohlfühlen kann? Kennen wir ihre Kommunikationsfähigkeit und ihre Talente genügend, um sie weder zu überfordern, noch zu wenig von ihr zu erwarten und zu verlangen? Nur weil wir von unserem Haushund immer noch zu wenig wissen und ihm deshalb auch nie voll vertrauen?

Es wäre eigentlich die Aufgabe der kynologischen Organisationen, dafür zu sorgen, daß der Mensch dem Hund näherkommt. Aber hier bindet das Zucht- und Ausstellungswesen sowie die Organisation des sportlichen Prüfungswesens die meisten Kräfte. So kommt es, daß an der Basis, nämlich dort, wo neue Leute mit ihren ersten Hunden sich der Kynologie anvertrauen, nur selten Personen sie empfangen und betreuen, die für diese ebenso wichtige wie schwierige Aufgabe genügend vorbereitet sind.

Im vorliegenden Buch wurde deshalb versucht, Ausbildern und Ausbilderinnen im Anfängerbereich ein Grundwissen über die Natur des Hundes und seine Beziehung zum Menschen zu vermitteln.

Es gibt auch eine Möglichkeit, sich praktisch in die Führung und Ausbildung von Anfängergruppen einzuarbeiten: Das Zürcher Hunde-Zentrum ZHZ bietet jährlich im Herbst einen Wochenkurs für Gruppenleiter und Gruppenleiterinnen von Grundkursen an – im wunderschönen Münstertal am Ofenpaß beim Nationalpark.
Verlangen Sie die Unterlagen beim Zürcher Hunde-Zentrum ZHZ, Postfach 1011, CH-8800 Thalwil.